「日本国紀」の天皇論

Arimoto Kaori
有本 香

Hyakuta Naoki
百田尚樹

産経セレクト

S-016

まえがき

およそ二千年前、神を祖先とした王朝が誕生し、それが二一世紀の現代も続いている国があると聞けば、世界の人はどう思うでしょうか。そんな国は存在しないと一笑に付すか、もし本当にあるならミラクルだと言うかもしれません。

しかしその国は実在します。そう、私たちの国、日本です。

もちろん現実には神を祖先とする人間はいませんし、皇室の歴史も『日本書紀』に書かれているほどの長さはないとも言われています。しかし天皇が神話の世界とつながっているのはたしかです。

古代に栄えた国の多くは、日本と同じように神話の世界から生まれた王たちが治めていました。しかしそれらの国はすべて滅び、神の系譜を継いだ王たちも姿を消しました。ところが、東アジアにある島国、日本はただひとつの王朝のもと、現代に至るまで一度も別の国になったことがありません。こんな国は世界のどこにも存在しません。そのことがまさしく奇跡です。

私は『日本国紀』（幻冬舎）を執筆中、日本という国のことを考え続けました。私たちの国はどうしてできたのだろう、国の形はどういうものだろう、国の核はどこにあるのだろう、そして人々を支えているものはなんだろう、と。

古代から現代までの歴史をめぐる旅を終えた時、見えてきたものがありました。それは日本という国は、天皇を中心とする家族のような国家だったということです。この本の中で有本香さんとの対談でも語っていますが、古代においては絶対的権力者であった天皇は、平安時代にはその座を降ります。それからおよそ八〇〇年の間、政治的にはまったく無力な存在でした（鎌倉時代の終わりに一時的に政権を担いますが）。しかし権力はなくても、他の誰もが持ちえない権威を持っていました。

八〇〇年の間に、強大な力を持った者が何人も現れました。藤原家、平家、北条家、足利家、織田信長、豊臣秀吉、そして徳川家。しかし何人も天皇の座を奪うことはできませんでした。彼らは日本最大の権力をもってしても、天皇に代わる権威を持つことができなかったのです。そして八〇〇年もの長きにわたって政権から遠ざけられていた天皇ですが、その不思議な「力」は消えていませんでした。それが出現するのが幕末です。

なぜ誰も天皇の権威を奪うことができなかったのか。なぜ八〇〇年間も天皇の力が消えなかったのか。なぜ幕末にその力が現れたのか。本書では、畏れ多くも、こうした謎について考察しています。

『日本国紀』の編集者であった有本さんとの対談は実に知的興奮に満ちたものでした。有本さんの鋭い意見に何度も膝を打ちましたが、彼女との対談を通じてあらためて天皇の存在の大きさを知ることになりました。天皇こそが日本という国家を支えてきた存在だったのです。

しかし現在、その天皇の権威を消し去ろうとする勢力があるのも事実です。それが何者なのか、その目的とは何なのかも、本書では明らかにしています。しかし、もし皇室の「万世一系《ばんせいいっけい》」が途絶えたなら、その時から日本はゆっくりと崩壊していくことになるでしょう。

令和元年十月

百田尚樹

「日本国紀」の天皇論◎目次

本書の内容は令和元年九月三〇日時点のものです。

装丁　神長文夫＋柏田幸子
ＤＴＰ製作　荒川典久
帯写真提供　著者
本文写真提供　共同通信社
産経新聞社

序章　日本にとって「天皇」とは何か

天皇陛下のご即位をお祝いする令和最初の一般参賀（令和元年5月4日）

『万葉集』が典拠の元号

百田　日本は令和の御代《みよ》となりました。

有本　直後の通信社や全国紙の世論調査では、国民の約七割もが「新元号に好感を持っている」と答えていましたね。「れいわ」という音は、鈴の転がるような「はじき音」に、母音、半母音が続いて広がりを感じさせます。梅の花が開いて香気があたりに広がるようなイメージにつながりますね。字面《じづら》からは清々しさが伝わってきます。

百田　この「令和」は、史上初めて国書、しかも『万葉集』から採られました。日本人として非常に嬉しく思いましたね。

新元号「令和」は、『万葉集』巻五の「梅花《うめのはな》の歌三十二首并《あわ》せて序《じょ》」を出典としています。「初春の令月《れいげつ》にして、気淑《よ》く風和《やわら》ぎ、梅は鏡前の粉《こ》を披《ひら》き、蘭は珮後《はいご》の香《こう》を薫《かお》らす」から採られました。

有本　私は意外と保守的なもので、伝統にならった漢籍典拠《かんせきてんきょ》がよいのではと思っていたのですが、いざ決まって『万葉集』から採ったと聞くと心が躍りました。

発表の時、安倍晋三総理は「厳しい寒さの後に春の訪れを告げ、見事に咲き誇る梅の花のように、一人一人の日本人が明日への希望とともに、それぞれの花を大きく咲かせることができる、そうした日本でありたいとの願いを込め」たと仰いましたね。

百田　『日本国紀』（幻冬舎）にも書いたように、『万葉集』は一二〇〇年以上前に編纂《へんさん》された日本最古の和歌集です。下級役人や農民、防人《さきもり》など、一般庶民とも言える無名の人々から、遊女や乞食（芸人）などの最下級の人の歌までが網羅されています。

これは、素晴らしい歌を詠めば、そこには身分の差も何もない、和歌という芸の前には人は平等だという価値観が、八世紀、奈良時代の日本にすでにあったということを示しています。『万葉集』はそういう精神の賜《たまもの》なのです。

有本　「歌の前には皆平等」という、いわばリベラルな精神が、一二〇〇年以上前にわが国に存在したということでしょうか。

百田　さらに『万葉集』は、当時の日本人は身分の上下にかかわらず、皆、歌が詠めたということを表しています。これもすごいことです。

有本　わが先人の先進性の証でもある『万葉集』こそ、世界に誇ることのできる文化遺産なのですね。

新元号と『万葉集』の関係について、東京新聞は、次のように書いて『日本国紀』を宣伝してくれました（笑）。

〈「国書がいいよね。『記紀万葉』から始まるんだよね」。首相は昨年末、古事記や万葉集を例示しながら日本古典を典拠とする意欲を側近議員に漏らした。

　年末年始に読んだという百田尚樹氏のベストセラー「日本国紀」にも万葉集は登場する。天皇や豪族に加え一般庶民が詠んだ歌を収めた「世界に誇るべき古典、文化遺産だ」と絶賛する内容だった。政権幹部は「日本の漢字文化は中国より下だと見る必要はない。首相は国書採用が時流だと考えていた」と証言する〉（東京新聞二〇一九年四月二日）

百田　『日本国紀』が安倍総理に影響を与えたと東京新聞は書いているのですね。『日本国紀』は日本の歴史を変える本になったというわけですか（笑）。

有本　ハハハ（笑）。おそらく東京新聞は、「総理がお友だちの本からヒントを得て恣意的に決めた」と印象操作したかったのでしょう。しかし実際には、発表の直前に開かれた「元号に関する懇談会」に出席し意見を述べた九人の識者全員が、いくつかあった案の中で「令和」は良い元号だと感じたと言っています。とくにノーベル賞受賞者の山中伸弥さん（京都大学教授）は、次のように力強くコメントされました。

「令和は初めて日本の古典から選ばれた言葉だ。（中略）伝統を重んじるとともに新しいものにチャレンジする日本のこれからの姿に非常にぴったりの元号ではないか。非常に美しくきれいな元号だなと最初に印象を持った」（日経新聞二〇一九年四月一日）

多くの日本国民が同じような感想を抱いたと思うのですが、こういうおめでたいことにも、僻目《ひがめ》で水を差すようなことを言うのが一部メディアですね。

『日本国紀』と『副読本』

百田 『日本国紀』は平成の最後に書きました。有本さんにも編集をして頂いたわけですが。

有本 はい。大変勉強になりましたし、貴重な経験をさせて頂きました。その『日本国紀』が、おかげさまで現在までのところ、発行部数、六五万部に達しています。その一カ月半後に出た『「日本国紀」の副読本　学校が教えない日本史』（産経新聞出版）も二〇万部のベストセラーとなりました。

多くの方が「百田史観」の日本史に触れ、さらに、今の歴史教育は根本からおかしい、という我々の問題提起に関心を寄せてくださったことをありがたく思います。『日本国紀』と『「日本国紀」の副読本』には、ものすごい数の反響が寄せられ、ＳＮ

Sでもたくさんの感想を頂きました。これもありがたいことです。

百田　はい。『日本国紀』に感動して、親兄弟、親戚や友人に読ませるために何冊も買ってくれたという人もいます。

有本　産経新聞出版が『「日本国紀」の副読本』の何度目かの新聞広告を出した時に、「感謝、感動、決意のお便り続々！」として読者からのお声を掲載しました。せっかくですから、その中からいくつか紹介しておきます。

「子供が小学校で歴史を教わっていますが、日本が悪かったというニュアンスの表現がそこここにちりばめられていることがよく分かる。まずは自分がよく勉強して子供に少しずつ伝えるようにします。そのためにもとてもいい本」

「対談形式の本なのに何度も泣きました。葉書を書くのも初めてです。拙い言葉では表せませんが感動。心が熱くなり祖国を誇りに思います」

「『敗戦による負の遺産』は戦中戦後体験者として絶対に払拭《ふっしょく》してこの世を去りたい」

「痛快極まりない切り口で本当の歴史を語ってくれている」

「素晴らしい。70歳ですがやっと本物の日本史に出会えた」

「ＧＨＱと日教組に騙された世代。生きているうちに本書（副読本）と日本国紀を読めてよかった」

「歴史教科書がつまらない謎が解けました」

「日本国紀を補完する素晴らしい本。文中の山川教科書は多くの日本人を惑わす無用の書だと分かった。小中高生が日本国紀と本書で歴史を勉強してもらえたらと願います」

百田　いい本書いたんやなあ、私は。

有本　他にも、「戦前を知っている者として全く同感」という八〇歳以上の方から、「日本人としてこれからの日本を創り残していく一人として生きていく勇気をもらいました。自分が生きているうちに日本を日本人を生かしていくような人になりたいです」という二〇代の方まで、幅広い年齢層の方が読んでくださいました。

教育に携わっている方から、反省や今後の抱負が多く寄せられたのも特徴的でした。

百田　「私たちの歴史」を取り戻したいという声が多かったですね。そういう思いと共に令和を迎えられてよかったと思います。

有本　百田さんは『日本国紀』のなかで、「日本の歴史の中心軸にあり続ける天皇」という存在をどう描くか、たいへん悩みながらお書きになっていた印象があります。

たとえば歴史の表舞台には出てこない時でも、天皇の存在が歴史を動かしているというような意識を、執筆中、常にお持ちだったかと思うのですが、本書では、その「天皇」について存分に語っていきたいと思っています。

「天皇の時間」が人権侵害？

有本　令和への御代替わりの話をしましたが、今回の改元は天皇陛下のご譲位にともなって行われたことです。実は江戸時代までは災害や疫病などがあると、世の中の「気」を変えるために元号を換えたりもしていたのですね。社会や政情が不安定だった幕末は、数年ごとに変わっています。万延《まんえん》や元治《げんじ》などは一年ほどで改元しています。こうしたことも『日本国紀』に書かれています。

明治以降は、一世一元（天皇一代に元号一つ）となりましたが、これはこれで素晴らしいことだと思います。

余談ですが、『日本国紀』の中に出てくる出来事や事件はすべて元号で表記されています。続けて括弧内に西暦を併記しました。この表記からして、私たちの国の歴史の本という意味が込められています。

いま一度、元号「令和」の話に戻りますが、新元号の発表は新しい時代にふさわしいスタイルでしたね。三〇年前の「平成」の元号発表の時、伝える主役はテレビでしたが、今回はそれがSNSに取って代わられた感がありました。

百田 そうですね。みんなネットで見ていました。

有本 政府がツイッターやインスタグラムでの会見ライブ中継を許可したため、発表の瞬間は多くの人がスマホの画面に見入っていました。若い世代が新元号に関心を寄せ、楽しむ姿が目立ちましたね。

百田 菅義偉《よしひで》官房長官が元号を発表したので、「令和おじさん」として人気者になったりしました。元号の威力はすごいものがあります。

有本 若い人たちからも「『時代が変わる』って実感できてすごくおめでたい気分」というような声が聞かれました。まさに古来の改元の趣旨というものを、特段教えなくとも若い人たちが身をもって感じ取ったというのは意義深いことだったと思います。

このたびの御代替わりは、ご即位が五月一日でした。三日後の一般参賀には、予想を上回る約一四万人の人々が集まり、そのなかにも意外なほど若い人の姿が目立ちました。若い世代が日本人としてのアイデンティティを取り戻そうとしていることの表れであろうと思います。とても喜ばしいことと感じました。

一方で、このお祝いムードに水を差すネガティブな声も出ていました。『「日本国紀」の副読本』で取り上げた、学び舎の教科書『ともに学ぶ人間の歴史』では、元号をほとんど記述せず、極力排除していましたが、そういう思想を強固に持って、元号はもちろん「天皇」という存在そのものを嫌がり、消そうとしている人たちがいることがこの時、明らかになりました。

そうした思想とつながっているのか、新天皇ご即位と同時に、朝日新聞等が盛んに書き立て始めたのが、「女性・女系天皇」容認論です。この「女系天皇」という言い方からして非常にトリッキーなものですが、「万世一系」という原則を無価値なもののように世間に思わせ、これを終わらせようとする力が働いていると感じます。

この「万世一系」については後で詳しく論じたく思いますが、まず新元号について一部の野党やワイドショーのコメンテーターから「令の字が『命令』の意を持つからよろしくない」だの、「安倍政権の目指す国民への規律や統制の強化がにじみ出ている」（社民党の又市征治党首）だのと、被害妄想のような批判がありました。

百田　小学校の一クラスに三〇人、四〇人がいたら、何でも反対したり、難癖つけたりする奴が必ず一人か二人はいるものです。野党の支持率もだいたいそれくらいですから、それと同じ。

有本　なるほど（笑）。さらに、一部の左派人士からは次のような驚くべき訴えもありました。

「『天皇の時間』を生きることを強制する元号の使用により、世界史の中の連続する時間から切り離され苦痛を感じている。これは重大な人権侵害であり憲法違反」

これを裁判で争うのだそうです。

百田　滅茶苦茶な被害妄想ですね。

有本　私はたまさか、某ネット番組で、この訴えを起こした弁護士のお一人と議論する機会を得たのですが、正直、少々お気の毒だと感じました。議論の中で、西暦表記にした場合の政教分離についてどうお考えかを尋ねたのです。でも、それには全然お答えいただけない（笑）。

百田　元号が「天皇の時間」なら、西暦は「キリストの時間」ですからね。

仁徳天皇陵の世界遺産登録

有本　「天皇の時間を生きることは人権侵害」だと言うなら、クリスチャンでもないのにキリストの時間を生きることを強制される苦痛はどうでもいいんかい、と思わずツッコみたくなりましたが（笑）。

世界にはイスラム暦や台湾の民国歴もあります。つまり世界の人々も日本人も皆、世界史の中で生きながら、同時に、自分たちのオリジナルカレンダーの時間をも生きているわけです。私たちは今も世界とつながりながら、日本人としての時間を生きている。そんな当たり前のことをなぜ受け入れられないのか。

というより、この訴えを起こした人たちは日本人でありながら、なぜ頑なまでに元号を嫌がるのか。おそらく若い頃に身につけた思想のためでしょう。特定の思想に凝り固まって半世紀以上生きてこられた方たちとは、議論にならないなと実感しました。

百田　「天皇の時間」が人権侵害だ、というのは滅茶苦茶で極端な話です。でも、今、天皇という存在に抱く感覚は、かつての日本人が持っていたものとは違ってしまっているというのはあるでしょうね。

有本　その関連で言えば、日本最大の前方後円墳「仁徳《にんとく》天皇陵古墳」（大山古墳、堺市）が世界遺産に登録されましたよね（ユネスコ＝国連教育科学文化機関は令和元年七月六日、仁徳天皇陵古墳を含む大阪府南部の「百舌鳥《もず》・古市《ふるいち》古墳群」の世界文化遺産登録を決定した）。

私はこれに抵抗感があります。

百田　地元は喜んでいましたけどね。大阪初の世界遺産だと言って。

有本　観光振興につながるという理屈ですね。報道では「天皇や皇族が葬られた陵墓が世界遺産になるのは初めて」などと慶事のように書いていましたが、敢えて水差すわけじゃありませんけど、私は、ちょっと違うんじゃないの？　と思うんです。

百田　仁徳天皇陵は今も続く皇室の祖先のお墓ですからね。いわば、有本家の先祖代々の墓を国際機関から「世界文化遺産にしますよ」と言われるような話。

有本　それは抵抗ありますよね。すでに滅んだ王朝関係者の墳墓、たとえば、エジプトのピラミッドや、中国の秦始皇帝陵とはまったく違うんですから。

しかも、ユネスコといえば、二〇一五年には、中国が申請した「南京大虐殺文書」を記憶遺産に登録したような組織でもありますから、なおさら抵抗感があります。

百田　仁徳《にんとく》天皇といえば、『日本国紀』に「民のかまど」の話を書きましたね。

有本　はい。素晴らしくいい話ですね。後に詳しく話しますが、その「民のかまど」の逸話からは、日本における天皇と民の特殊な関係が読み取れます。日本は古代においてさえ、天皇と民が「絶対君主と虐げられた民衆」という関係でなかった。あるいはそういう関係にしたくないという理想があった。このことは、約二千年間、一つの王朝が続いていることに加えて、世界に類を見ない、まさに世界史上の奇跡ですよ。

百田　「万世一系」の天皇と、その天皇を中心とする国、日本。天皇と日本、日本人の関係は、知れば知るほど特殊だと感じ、誇らしいですね。

有本　そうですね。ですから、今を生きる私たちが大切にすべきは、古墳という「遺物」のみではなく、それにまつわる私たち自身のヒストリーなのです。

百田　『日本国紀』でも『「日本国紀」の副読本』でも書いた「私たちの歴史」ですね。

有本　はい。国際機関からお墨付きをもらわなければ、その大切さを認識できないほど、私たちは愚かではないはずです。

平安時代には権威になった天皇

百田　「私たちの歴史」の中心を貫くのは天皇です。ですから、日本にとって天皇とは、どのような存在なのかを私たちはよく知る必要があります。

有本　『日本国紀』の最初の帯も次のような文言で始まっています。

〈私たちは何者なのか——。
　神話とともに誕生し、万世一系の天皇を中心に、
　独自の発展を遂げてきた、私たちの国・日本〉

『日本国紀』はいわゆる皇国史観ではなく、「百田史観」で書かれた日本の歴史なのですが、それはやはり天皇を中心とした歴史です。

百田　はい。「万世一系」については、わかりやすく書いているつもりです。それは『日本国紀』全体を通して読んでもらえばわかることだと思います。

有本　百田さんは通史をお書きになった今、日本の歴史における天皇について、改めて、どうお感じなのでしょうか？

百田　古代の天皇は圧倒的な武力を持った権力者です。日本の歴史が非常にユニークで面白いのは、天皇はその権力者の座を、すでに平安時代には降りているということ

です。

たとえば、ヨーロッパや中国の歴史でもトップは圧倒的武力を持った権力者で、これは当たり前ですね。

有本　中国は今でもそうです。

百田　ところが、日本における天皇という存在だけは、早々に権力の座から降りているのですよ。そして藤原家が実権を握りました。でも藤原家自身は、とうとう天皇にはなれなかったのです。

つまり、平安の終わりには天皇は権力の座を降りて「権威」になった。世界の歴史では、権力の座を奪われた者は、新しい権力者によって例外なく殺されます。ところが日本の天皇はそうではなかった。平安の終わり以降、日本には権力と権威が分かれて存在することになったわけです。

その天皇の権威というものは、理屈では説明できないものです。ですから誰も、権威を奪うことはできなかったんですよ。前述の藤原家、その次の平家、さらにその後の北条家も天皇の座を奪うことはできませんでした。

とてつもない大権力者であった足利義満《あしかがよしみつ》、織田信長《おだのぶなが》、あるいは徳川家の将軍たちも、皇室に代わる権威を持つことはできなかったし、皇室の権威を乗っ取ることもできなかったんです。

有本　彼らは大権力者なのですから、暗殺しようと思えばできる状況ですよね。

百田　そうです。でも、そんなことをしても意味がないのです。

権威は乗っ取ることも、消すこともできない。そういう不思議な存在であるということを、日本人は知っていたわけです。これは説明しろと言ってもできるもんじゃない。

つまり、日本における天皇とは、合理では割り切れない存在なのです。

そして、これも表現が難しいところですが、日本という国は歴史上、常に天皇のもとにある国なのですよ。

有本　いろんな権力者がいましたが、彼らは天皇に代わって治めているだけ。

百田　そのとおりです。鎌倉幕府、室町幕府、江戸幕府の「幕府」とは天皇の出張所という意味です。つまり天皇に代わって政《まつりごと》をやっているにすぎないということなのです。西洋や中国は、権力者が入れ替わると、国そのものが変わってしまいますね。権力者が変わると存在する場所は同じでも、もはや別の国なのです。

でも、日本は天皇が存在するかぎり、権力者が変わっても、常に同じ国なのですよ。

有本　しかも、「大政奉還」といって、権力をお上（天皇）にお返ししてしまうこともできるのですからね。

百田　時の政権は、あくまで天皇に代わって政務を行っているということなのです。

こんな不思議な国がありますか?

有本　私は寡聞にして知りません。

百田　それなのに戦後、その権威を消し去ろうとしている勢力がたくさんあります。

有本　肌身に染みこんでいる天皇という存在、日本人が理屈ではないところで分かっているものを、なんとかそぎ落とそうとしています。

百田　そうですね。だからこそ、二千年にわたる天皇と日本の不思議な関係を、本書で明らかにしたいと思います。

第1章

天皇の権威と万世一系

昭和天皇、福岡県御巡幸（昭和 24 年5月）

道長も清盛も天皇にはなれなかった

百田　藤原家が実権を握った平安時代の終わり、天皇は「権威」になったと序章で述べました。一方で、藤原家自身は、とうとう天皇にはなれませんでしたね。

有本　天皇に近づいては、いますけれども。

百田　天皇に近づき、平安時代中期から次々と一族の娘を天皇の妃にしますが、藤原家から天皇は出ない。娘たちは皇后や天皇の母になれても天皇にはなれない。藤原の当主も、天皇の祖父になれても天皇にはなれない。天皇の外戚として力を持ち、摂政や関白として天皇の代わりに政治を執り行なったわけです。

有本　摂関政治ですね。藤原家以外から摂政・関白が出ないので、藤原家は「摂関家」と呼ばれました。

百田　その藤原家が最も力を持ったのは藤原道長《みちなが》の時代です。道長は長女を一条《いちじょう》天皇（六六代、在位九八六―一〇一一年）の妃に、次女を三条《さんじょう》天皇（六七代、在位一〇一一―一〇一六年）の妃に、四女を後一条《ごいちじょう》天皇（六八代、在位一〇一六―一〇三六年）の妃にし、天皇を思うがままに操つりました。その頃、道長が詠んだ歌は有名です。

有本　「この世をば我が世とぞ思ふ望月の欠けたることもなしと思へば」ですね。

百田　この世界は自分の世界のようで、満月のように欠けた部分は何もない、という全能感に酔った歌です。それでも、天皇だけにはなれなかったのです。

有本　自分を満月に喩えるほどの道長でも天皇にはなれなかった……。

百田　はい。やがて藤原家が没落すると同時に、平家が実権を握ります。しかし、この平家も天皇にはなれなかったのです。

有本　平清盛《たいらのきよもり》も自分の娘を天皇の妃にしましたね。

百田　自分の娘である徳子《とくこ》を高倉《たかくら》天皇（八〇代、在位一一六八―一一八〇年）の妃にしました。

平清盛は武力を背景に出世して、最高位の太政《だじょう》大臣に就きます。貴族しかなれなかった太政大臣に武士である清盛が就いたのは異例中の異例です。高倉天皇が徳子と結婚したのは一〇歳の時で、徳子はその時、一七歳。完全な政略結婚です。その後、徳子は皇太子を産み、清盛は未来の天皇の祖父となりました。

有本　でも清盛自身は天皇にはなれなかった。

百田　そう。要するに、天皇との閨閥《けいばつ》（妻の姻戚関係で結ばれた勢力）を大事にして娘を天皇に嫁がせ、その娘の産んだ子が天皇になればいいということ。でも、平家から天皇は出ないのです。

やがて平家は滅ぼされて、鎌倉で源頼朝《みなもとのよりとも》が政治の実権を握るわけですが、この時、頼朝が作ったのが、さきほど言った「幕府」——正式に言うと、征夷大将軍が天皇に代わって軍の指揮を執る出先の陣地です。

「幕府」は天皇の出張所

有本　「征夷大将軍」とは、蝦夷《えぞ》を征討する将軍という意味ですね。「幕府」という概念自体は江戸時代に成立しましたが、鎌倉幕府は源頼朝が征夷大将軍に任ぜられていますからまさに幕府。

百田　そうです。ですから鎌倉政権は、あくまで「天皇の出張所」ということで政治を行っていたのです。天皇の代わりに政治を行うということで、これが非常に難しいところですが、表向きの権威は天皇にあるのです。近年、鎌倉幕府の成立年に諸説があるのも、鎌倉幕府の最初の頃は、実際に関東地方だけを治める出張所の要素が強かったからです。

鎌倉幕府の終わりに「建武《けんむ》の新政《しんせい》」で後醍醐《ごだいご》天皇（九六代、在位一三一八—一三三九年）

が自ら政治を行うというわずかな時代があったのですが、これがまもなく失敗して、今度は足利家に政権が移ります。しかしこれもやっぱり「幕府」なんですよ。

有本　足利尊氏《あしかがたかうじ》は延元三・暦応元（一三三八）年に征夷大将軍に任ぜられました。

百田　歴史学者の中でも論争があるんですが、足利家の三代将軍の義満《よしみつ》はどうも太上天皇（上皇）になろうとしていたふしがありますね。

義満は武家としての最高権威である「征夷大将軍」と、公家としての常置の最高職である「左大臣」になって、ほぼすべての権力を掌握し、やりたい放題でした。天皇が持っていた祭祀権《さいしけん》や叙任権《じょにんけん》（人事権）などを自分のものにしたり、寺社などに参内する時には上皇と同じ礼遇をとらせたりもしました。

さらに義満は自分の息子の立太子式（親王が皇太子になる式）をしているんですね。次男の義嗣《よしつぐ》の元服を、宮中において立太子式と同じ形式で行なったのです。

有本　これについても様々な見方がありますね。

百田　はい。私はほとんど足利家の皇位簒奪《さんだつ》に近い行為だと思いますが、不思議なことにこの後、義満は急死しているんですよ。それまで病気だったという話もなく、突然に死んでいます。

有本　公式には流行病《はやりやまい》に罹《かか》ったとされていますが、あまりにタイミングが良すぎますよね。

百田　だから暗殺されたのではないかと見る人もいます。皇室を乗っ取ろうとしている、不遜なことをしようとしているから、葬り去られたのではないかと。

有本　暗殺は今日否定されていると言う人もいますけれども。

余談ですが、義満は中国の漢民族の王朝である明《みん》と貿易をするため、明の「冊封《さくほう》」を形式的に受けて、「日本国王」の称号をもらいますね。

百田　はい。ただし、明の皇帝から「日本国王」とされたのは足利義満で、天皇は冊封を受けていません。しかも義満の死後、朝廷はいったん日明貿易を禁止しています。

有本　形式的にであっても、朝廷が中華の華夷秩序《かいちつじょ》の中に取り込まれることを嫌ったことが窺えます。このあたりのことは『日本国紀』に詳しく書かれていますが、後でお話しする聖徳太子のこととも関連して重要ですね。

「錦の御旗」が揚がった時

百田　話を戻すと、足利家が権力を握っていた室町幕府の時代もまた天皇は権威だけだったということなのです。しかし、足利将軍史上の最大の権力者であった義満でさえも結局、天皇にはなれなかったのです。

「建武の新政」がわずかにありましたが、平安時代中期に藤原家が権力を持ってから足利義満の時代まで、すでに約五〇〇年もの間、天皇は全然権力を持っていないわけですよ。五〇〇年も政治の実権がないものが残るのは奇跡です。

そして、室町幕府の後半から応仁の乱が起こり、そのまま戦国時代へと突入します。皆さんもよくご存じのように戦国時代は下克上ですよ。ありとあらゆる既存の枠組みがなくなってしまった。下の地位だった者が上の地位の者を討つなど、それまでの権威も序列も一切なくなってしまって、滅茶苦茶な世の中になったわけです。

けれども一〇〇年続いた戦国時代にも、天皇の権威だけは別格なんですよ。あらゆる下克上があったけれども、天皇を殺して「俺が天皇になってやろうか」というのはついに一人も現れなかった。

有本　織田信長《おだのぶなが》、豊臣秀吉《とよとみひでよし》ですら、その挙には出なかったんですからね。

百田　あのありとあらゆる権威をものともしない信長でも天皇の権威には勝てなかったのです。秀吉もそうですね。

そして江戸幕府を開いた徳川家康《とくがわいえやす》も同じです。江戸幕府は約二六〇年間と日本で最も長く続いた政権です。その間、京の都の帝、皇室という存在は、一切実権を握らなかったのです。

ところが、幕末に鎖国していた日本が開国するとなった時、天皇が表に現れます。

有本　安政五（一八五八）年に幕府は「日米修好通商条約」をアメリカと結びますが、その時ですね。

百田　そうです。二六〇年間、すべての政事を執り行っていた徳川家が、開国するか否かを自ら決定することができず、朝廷に勅許《ちょっきょ》（天皇の許可）を求めたのです。そして孝明《こうめい》天皇（一二一代、在位一八四六－一八六六年）は拒否しました。

有本　少し補足すると、アメリカから通商条約締結を迫られていた幕府は、「アロー戦争」で清がイギリス・フランス連合軍に完敗したと知りました。西洋列強の力に恐れをなした幕府はアメリカと条約を結ぶために、朝廷に勅許を求めたという流れです。

百田　朝廷は開国を拒否しましたが、幕府は孝明天皇の意思に反して開国しました。

これで幕府が倒れたんですよ。つまり天皇のご意思をないがしろにした。これがいわゆる討幕運動につながっていったのです。

有本　日米修好通商条約締結の後、明治になるまで欧米列強は、早く天皇の勅許を得てくれと幕府に何度も迫っていますね。

百田　それが面白い。つまり欧米列強は、幕府は時の実権者であるけれども、日本の真の統治者は天皇であると考えていた証でもありますね。

そしてとうとう最後に戊辰《ぼしん》戦争が起こります。この戊辰戦争で、天皇のそれまで約八〇〇年間にわたって見えなかった隠然たる力が明らかになります。「力」と言っていいかわかりませんが、その不思議な力が明らかになったのが、いわゆる「錦《にしき》の御旗《みはた》」です。

戊辰戦争で「錦の御旗」が揚がった時、八〇〇年間、決して表に出てくることがなかった天皇の「力」が歴史の表舞台に現れました。

万世一系と易姓革命

有本　戊辰戦争は、旧幕府軍と薩摩・長州の新政府軍との間で行われた慶応四（一八六八）年の「鳥羽《とば》・伏見《ふしみ》の戦い」から始まりました。新政府軍は最新式武器を装備していましたが、数では旧幕府軍が圧倒していたのですよね。

百田　そう。在京の藩も戦いを静観していたので、旧幕府軍のほうが優勢だったかもしれない。ところが朝敵《ちょうてき》を討つ時の旗印である「錦の御旗」が掲げられたとたん、多くの藩が新政府軍に加わり、旧幕府軍は総崩れになったのです。

有本　「錦の御旗」に弓は引けませんからね。それをした瞬間に朝敵になってしまう。

百田　そう。つまり、政治の実権から遠ざけられていた天皇の力が八〇〇年間、実は消えていなかったというわけですよ。

『日本国紀』を読めば、今、見てきたように、日本の天皇、朝廷の何とも言えない不思議な力が浮かび上がると思います。時の幕府は圧倒的な権力者ですが、天皇は別格だったのです。

有本　それが形として表れたのが幕末だということですね。百田さんは『日本国紀』でこの場面を、とくに力を入れて書かれています。

百田　そういう意味では、日本人が天皇、朝廷（皇室）に独特のものを感じているのは明らかなのですが、同時に世界の人々も皇室にすごく敬意を持っているのです。なぜならば、「万世一系」が初代天皇から続いている、こんな国は世界のどこにもないからです。

たとえばヨーロッパの国にはそれぞれ王朝がありますが、それらの歴史は日本の皇室と比べたらはるかに短いものです。中国の王朝は国が倒れると同時に前の王朝一族が女子供まで皆殺しになります。

有本　そうですね。あちらでは王朝が倒れたら民族ごと総入れ替えみたいなものですが、日本ではそういうことにはなり得ません。

百田　中国はそうした血塗られた歴史を正当化するために「易姓革命《えきせいかくめい》」という理屈をこしらえています。つまり、天子というのは天がつかわすものであって、天が見放して「もう、こいつあかんな」となったら終わり。別の者が取って代わる。それが天の意思だというのです。だから王朝の一族郎党、みんな殺すんだという滅茶苦茶な理屈。

有本　統治者の姓が易《か》わるのは天命を革《あらた》める行為であるということで「易姓革命」。それが日本では起きないのですね。百田さんが仰ったとおり、「錦の御旗」が揚がった瞬間に、日本人は誰一人として朝敵になりたいと思わなかった。

日本ではいかに権力者といえども、朝敵にはなりたくない。これが権力と天皇との関係です。簡単に言えば日本の権力者は、天皇にご心配をおかけしないよう、御政道をきちんとやれ、という話なのだと思います。

一方、天皇という存在は世界で最も長く続いている旧家でもありますから、その存続のため、時の最高権力といかにうまくつきあうかに長《た》けていらっしゃいます。歴史を見ていくと改めてそう感じますね。

天皇のものは紙を貼っただけで

百田　ちょっと話がずれますが、天皇陛下がいらっしゃる御所《ごしょ》は、誰でも侵入できるのではと思うくらいスカスカなんですよ。高い塀があるとか、警備が厳重であるとか、そういうものがまったくないんです。

有本　京都御所なんて見るとびっくりしますよね。「えっ?」みたいな。石平さんがお書きになっていましたが、ベルサイユ宮殿や紫禁城と比べると、なんだこの粗末な造りは……というくらいのものです。

百田　そう。つまり、昔は天皇は権力者だったので命を狙われることもあっただろうけれども、権力の座から降りた後、権威となってからはそれがないということ。

たとえば、奈良時代に造られた正倉院という東大寺の宝庫がありますね。宝物には東大寺に献納された聖武《しょうむ》天皇（四五代、在位七二四―七四九年）の遺愛の品々、東大寺

伝来の文書、ペルシャやインドや中国のガラス器や楽器や焼き物なども含まれていま
す。この正倉院も全然警備がなかったのですよ。
ただ、紙がぴたっと貼ってあって、皇室の宝物が入っているだけ。

有本　室町時代以後は天皇親署《しんしょ》（天皇の署名）の御封《みふ》が施されていたということですね。開扉《かいひ》には勅許を必要としたので勅封倉《ちょくふうぐら》と呼ばれます。こう言うと、仰々しいものと思われるかもしれませんが、つまり紙一枚。

百田　そう。天皇の財産なので「みんなパクらんように」と紙を貼った。それだけで千年以上、パクられないんですよ。

有本　ハハハ（笑）。四回くらい盗難はあったようですけれどもね。

百田　内部の僧による盗難らしい。しかし紙を貼っただけで、千年以上の間で四件ですからね。大量の武器が藤原仲麻呂《ふじわらのなかまろ》の乱（天平宝字八・七六四年）で持ち出されたりはしたようですが。でもそれくらい。びっくりするような宝物がずっと保存されてきたのです。誰も手をつけなかったんですよ。これ、すごいよね。

有本　これも世界史の奇跡でしょう。日本以外ではまずあり得ない。

百田　このことは、皇室の一種の霊力を表すと同時に、日本の民衆のモラルの高さを

表しています。

有本　民力と誇っていいのでしょう。しかし大昔からそれほど他人を信用してきた国民ですから、国際社会での駆け引きに著しく不向きなのも無理はありませんね。

百田　中国などでは、墓なんて盗掘されまくりですから。

井上靖氏の「盗掘」という現代詩があるんですよ。

〈天子が即位すると、盗賊団は直ちに、その日から、その天子が将来葬られるであろう想定の墓所に向って、秘密の地下の道を掘り始めるという〉（『井上靖全詩集』新潮文庫）

こういう詩があるんですね。この後、「もちろん古い中国の話だ」と続くわけですが。

有本　今でも同じようなことはありますけれども（笑）。

百田　それぐらい中国では盗掘は当たり前の話。ところが日本では天皇の宝物が入っている正倉院はお札一枚で、千年以上ほとんど盗みがない。「盗るなよ」という札を貼っただけで。本来、宝物は宮殿の一番奥に、鍵をかけてしまわれているものでしょう？　でも日本ではそうではないんです。

『日本国紀』を書くために日本史を勉強すればするほど、このようなことに驚きを感じましたね。歴史というのはこういうことを学ぶのが大切だと思うのです。この時代にこんなことが起こったとか、こういう人がいたとか、年表めいた話ははっきり言えばどうでもいいのですよ。

「万世一系」という不文律

百田　日本の天皇は「万世一系」だと先に述べました。これが日本の皇室が世界最古の王朝として現在まで続いている理由の一つです。日本の歴史上、最も古いテキストは『古事記』と『日本書紀』ですね。これらの歴史書には「神話」が入り交じっていますが、それも含めて「万世一系」です。神武《じんむ》天皇（初代、在位・前六六〇—前五八五年）からずっと「万世一系」で続いています。

これは微妙な問題ですが、絶対に避けて通れないので敢えて言います。実はこの点についての『日本国紀』の記述は、保守系と言われる人に批判されます。

有本　百田尚樹が「万世一系」を否定した、という「誤読」ですね。というより、難癖つけるために敢えて誤読しているのかもしれません。当たり前ですが、百田さんは「万世一系」を否定などしていません。『日本国紀』の中にもこう書いてあります。

〈日本の天皇は二代目の綏靖《すいぜい》天皇から第百二十五代の今上陛下（編集注／現上皇陛下）までがすべて、初代神武天皇の男系子孫である〉（『日本国紀』）

百田　はい。『日本国紀』では、古いテキストに書かれた「史実」には、私の目から見ると疑問を感じる部分がいくつかある、そのことについて書きました。

でも、こういうことをちょっとでも言うと、皇国史観の人たちにすごく叩かれるんですよ。「なんちゅうことを言うんや！」「万世一系を否定してるんか、こいつは！」と。

でも、そうじゃないんですよ。私はむしろ「だからこそすごい！」と言っているのです。

『古事記』『日本書紀』が編まれたのは今から約一三〇〇年前の七〇〇年代と言われていますが、すでにこの時期、編纂《へんさん》者が「万世一系」を意識して努力した跡が見られます。ということは、どういうことか。

七〇〇年代にはもう、「万世一系であらねばならない」というコンセンサス、共通意識があったのです。

有本　「皇統は万世一系である」という不文律がすでにあったということですね。

百田　はい。これはすごいことなのですよ。中国などでは王朝がいったん入れ替わったら、「前の王朝は間違っていた！　自分こそが正しい王朝だ」となります。前の王朝を徹底して批判する。これが世界の認識なんです。

ところが、日本は七〇〇年代から「万世一系というのが素晴らしい」と考えていた。

有本　一本の糸のように続くことが良いということが思想として確立していたということですよね。

百田　日本人は日本という国家意識を持ったと同時に、「この国は、万世一系の天皇、皇室を中心に、みんなが一つになる国なんだ」という認識を持っていたということなんですよ。

そして、日本は、この「万世一系」の皇統によって、「世界最古の王朝」だと世界の国々から畏敬と驚異をもって見られています。

ありえへん！

有本　百田さんは『日本国紀』で記紀（『古事記』『日本書紀』）の記述にツッコみを入れていますね。

百田　はい。私が記紀の記述でおかしいと思った点を少し紹介しておきます。

　まず、第二五代の武烈《ぶれつ》天皇（在位四九八―五〇六年）の『日本書紀』の記述に疑問を抱きました。

「頻《しき》りに諸悪を造《いた》し、一善《いちぜん》をも修《おさ》めたまはず」。つまり、しきりに多くの悪業を行い、一つの善業も行わなかったと、悪逆非道な天皇として描かれています。たとえば、妊婦の腹を割いて胎児を取り出したり、人に爪をはいだ手で芋を掘らせたり。

有本　人を木に登らせて、その木を伐り倒し、人が落ちて死ぬのを見て楽しんだり、というのもあります。

百田　そういう残虐な記述がありますね。天皇の偉大な事績を書くはずの『日本書紀』に、こんなことを書くのは私から見ればおかしいのです。

　そしてさらに奇妙なのは、その武烈天皇が崩御し、天皇に即位する継体《けいたい》天皇（二六代、在位五〇七―五三一年）の記述です。

『日本書紀』によれば、武烈天皇が崩御した時、皇位継承者が見当たらなかったという。そこで越前（現福井県）から応神《おうじん》天皇（一五代、在位二七〇―三一〇）の五世の孫である男大迹王《おおどのおおきみ》を迎えたというわけです。翌年、男大迹王は即位して天皇になります。

有本　男大迹王は後の継体天皇。「継体天皇」は死後、おくられる「諡号《しごう》」です。

百田　その男大迹王、つまり継体天皇が即位したのは、五七歳の時なのです。

有本　平均寿命が三〇歳くらいの当時としては、大変な高齢での即位ですね。

百田　五世も遡って探した方なのに、即位時に大変な高齢なんですよ。

さらに奇妙なのは、継体天皇が都入りするのは即位後一九年も経ってからなのです。

「あり得へん！」と私は思います。

有本　作家の目で見ると記述にリアリティがない、と？

百田　まず、他に皇位継承者は見つからなかったのか？　という疑問がわきますね。親戚一同を探せばいくらなんでもいたでしょう。五世も遡って、五七歳の人しかいないなんて、ちょっと考えられない。

しかも即位して都に入るのに一九年かかったという。そう『日本書紀』に書いてあるのです。私から見ると「うーん、どうも何か真実をぼやかして書いとるな」と。

有本　通常とは違う何かがあったな、とお考えなのですね。

百田　即位して一九年も都へ入らないというのは、何かよほどの事情があったと見るのが普通です。

有本　そこは論争があるところですよね。

百田　もちろん『日本書紀』はいろいろ理由を書いています。でも、私からすると今ひとつ説得力がない。本当の理由は何だったのだろうかと。私はおそらく権力争いだと思う。

あるいは、何かの戦いがあったのではないかと。そしてその争いが一九年続いたと。つまり、この時、一種の皇位簒奪に近いことが行なわれたと考えるとむしろ記述の不自然な点に納得がいく。私はそう『日本国紀』に書きました。

皇位簒奪というとショッキングな言い方ですが、つまり遠縁ではあったとしても、通常なら誰もが妥当と思う皇位継承者とは言えない人が継いだとすると、少々後ろめたいですよね。だから、前の天皇を残虐に書いたとも考えられます。「武烈」という怖そうな諡号もさもありなんですし、「継体」という諡号も、極めて暗示的です。編纂者は「ここで何かが起こったな、と察してね」という書き方をしたのではないかと私は想像します。

記紀編纂者になりきる

百田　もう一つ、応神天皇についても書きました。応神天皇の父は仲哀《ちゅうあい》天皇（一四代、在位一九二―二〇〇）です。その妻である神功《じんぐう》皇后が神懸かりになって「西海の宝の国（新羅《しらぎ》）を授ける」という信託を受けたというのです。しかし、仲哀天皇はそれを信じず神を非難した。すると亡くなったというのです。

有本　神話とはいえ、不自然な亡くなり方ですよね。

百田　ちょっとおかしい。しかも天皇の事績を讃える『日本書紀』に、まるで天皇が神罰を受けたとも読める記述があるのは異様です。さらにその時に神功皇后は、妊娠中だったというのです。だから仲哀天皇が亡くなってから、子供が生まれました。

有本　その子供が、後の応神天皇というわけですね。

百田　そうです。『古事記』によると、応神天皇は父の仲哀天皇の死後、一五カ月後に生まれたことになっています。これもおかしい。

有本　「十月十日《とつきとおか》」から考えると不自然な日数です。

百田　『日本書紀』では仲哀天皇の死から一〇カ月と一〇日後に出産したことになっていますが、いわゆる「十月十日」というのは、実は九カ月と一〇日なので、これも通常の妊娠期間より一カ月長いことになります。

この時、神功皇后は新羅征伐するのですが、臨月だったため、お腹に石を巻いて祈り、出産を遅らせたとか。

有本　これも神話とはいえ、それで遅らせられるとは……と思いますね。

百田　記紀には出産が遅れた理由がいろいろと書いてありますが、私からすれば、それが逆に怪しいわけです。私が記紀編纂者ならこう思いますね。

「どうしょう。一五カ月かかっとる。これ、どう処理しようかな」

有本　百田さん、記紀編纂者になりきってますね（笑）。

百田　当時の記紀編纂者の気持ちになれば、何としてでも、お腹に石を巻いてでも、とにかく出産を遅らせたことにして「これで何とか堪忍してもらえんか」と。編纂者のそういう苦労が私には見えるんですよ。ですから私はどうも怪しいと『日本国紀』に書きました。

ここで何かあったのではないか、と見るのが普通です。そういう目で見ると、仲哀天皇の亡くなり方もおかしいし、「仲哀」という名前もおかしいぞと。

有本　仲哀の「哀」は、「哀しい」という字ですからね。

百田　「わかってくれえ。後世の読み人よ、わかってくれえ」
そういう気持ちで、記紀編纂者がこの字を使ったのかもしれない。

「神」がつく三人の天皇

有本　仲哀天皇も神功皇后も実在しなかったのではないかという説も一部にはありますが、これには百田さんは否定的ですね。

百田　はい。もし実在しない天皇なら、何もわざわざこんな不自然な記述をする理由がないのですよ。創作なら、もっと自然な話を書けるでしょう。だから私は実在したと考えてますね。
暗殺されたのか、戦って亡くなったのか、この時に王朝が入れ替わったという説も一部にあります。

有本　仲哀天皇は熊襲《くまそ》との戦いで戦死し、代わって熊襲が大和朝廷を滅ぼして権力を掌握したという説ですね。ここで王朝が入れ替わったのではないか、と。

百田　そうです。「敢えて大胆に推察すれば」ですが、その説もあり得るのではないかとは私も思っています。

王朝が入れ替わった説の補強として言うと、応神天皇の諡号にある「神」の字です。諡号を贈られた一二四代の天皇の中で「神」の字がつく天皇は三人です。初代は神武天皇ですね。大和王朝を建てたとされる神武天皇の事績の大きさは言うまでもありません。しかし、その後、二代から九代までは実は『日本書紀』にも、たいした記述がありません。

有本　二代から九代までは実在しなかったのではないかということで、「欠史八代」と言われます。

百田　ところが、一〇代目の崇神《すじん》天皇（在位・前九七―前三〇）になると、偉大な事績があるのです。

有本　崇神天皇は畿内《きない》を統一して、強大な大和朝廷をつくったとされていますね。

百田　そうです。神武天皇と崇神天皇は歴代天皇の中でも特別に偉大な存在なのです。そして共に諡号に「神」がついています。さらに、仲哀天皇の後を継いだ応神天皇。この人にも「神」がついていますね。

繰り返しますが、日本の天皇で「神」がついているのは、神武、崇神、応神、この三人だけ。特殊なんですよ。

余談ですが、初代の神武天皇と一〇代目の崇神天皇は、同一人物ではないかという説も根強くあります。というのは、「ハックニシラススメラミコト」という同じ称号を持っているのですよ。「ハックニシラススメラミコト」というのは、「初めて国をつくった天皇」という意味ですからね。「初めて国をつくった天皇」が二人もいる。変でしょ?

有本 たしかに、初めて国をつくった人が二人いるというのは、奇妙です。

百田 そして両者ともに「神」という文字を諡号に持つ。

そのようなことから、神武天皇と崇神天皇は同一人物なのではないかという説があります。私もそうだったのではないか、という思いが少しありますが、ここで言いたいのは「神」という字のついている天皇は特別な天皇だということなのです。

先ほど述べたように、初代神武天皇、一〇代崇神天皇に「神」がついていて、一五代に突然、応神天皇というまた「神」がついた天皇が登場します。

有本 しかも応神天皇を産んだ神功皇后にも、また「神」がついていると。

百田 そうです。「神」の字がついた唯一の皇后です。ですから、応神天皇の時代に何か大きな変化があったのではないか、たとえば王朝が入れ替わった、と類推する人がいる。そのため、応神天皇の父である仲哀天皇と母である神功皇后の経緯を編纂者が必死になって書いたのではないか（編纂者が書く動作を表現）、と。

有本　読者の皆様に見せることができませんが、今のお話の際の身振り手振りは、もう完全に百田さんに編纂者が乗り移ったみたいです（笑）。つまり、作家である百田さんから見た書き手の心の動きを想像すると、ということですね。

百田　実際のところ、皇位簒奪のようなことがあったのかどうかはわかりません。ただ、『古事記』や『日本書紀』を虚心坦懐に読む限りにおいては、先ほど触れた辺りに何かしらのごたごたや不都合がありそうだなとは読めるということなのです。それを何とか自然に見えるような形にしようと、記紀編纂者が苦労して書いているように見えるのです。その苦労について『日本国紀』でも触れたのですが、ここを切り取って「百田は万世一系を否定した」とか、「天皇を皇位簒奪者の子孫だと言っている」と鬼の首でもとったように騒ぐ人たちがいたのには閉口しました。

記紀編纂者がそこまで苦労してでも、「万世一系」であらねばならないと考えていた。その意識の高さ。これが日本の形だと私は思うんですよ。そして私はそこに感動します。

大事なことなので繰り返して言いますが、日本最初の公式歴史書である『日本書紀』

に、編纂者が苦労しながらも、「万世一系こそが守るべき原則だ」と記したのです。

日本という国名

百田　さらに言うと「日本」という国名もまたすごい。日が昇るところなんですよ。神話と結びついた国名なのです。

有本　皇室の祖神である天照大神《アマテラスオオミカミ》は「日の神」ですものね。

百田　そう。古代から日本は太陽を神聖視していました。

なおかつ国旗が「日の丸」でしょ？　神話と結びついた国旗なんですよ。今は「日の丸」を嫌悪する人がいますが、信じられません。「日の丸」は古くは源平合戦から使われていたます。もっと古くからあったという説もあります。

有本　日輪のマークは天下統一の象徴なのですよね。源平合戦の時に平氏は「赤地金丸」、源氏は「白地赤丸」を使用したそうで、それ以降「白地赤丸」の「日の丸」が天下統一を成し遂げた者の象徴として受け継がれていったと『日本国紀』にも書いています。

百田　そう。現在、国旗に使われている「日の丸」は、江戸時代の薩摩藩主、島津斉《しまづなり》彬《あきら》が提唱したと言われていますね。

有本　はい。日米和親条約調印後に、日本の船を外国船と区別するため船舶旗が必要になりました。幕府は当初、白地に黒の横一文字の「大中黒」を考えていましたが、島津斉彬の進言によって「日の丸」の幟を用いることになり、老中《ろうじゅう》・阿部正弘《あべまさひろ》によって正式に布告されたのです。

百田　先ほど日本は、神話と結びついた国名、神話と結びついた国旗だと言いましたが、この神話も後から捏造したものとは思えないんですよ。

もちろん、イザナギ、イザナミの話などは現実とは思えませんが、たとえば「神武東征」。神武東遷とも言い、『日本書紀』にも出てくるんですが、これは本当にあったとしか思えないのです。

初代天皇となる神武天皇は九州から瀬戸内を通り、大阪平野に入ろうとし、長髄彦《ながすねひこ》と戦って負けます。そこで神武天皇は大阪を大きく迂回《うかい》し、和歌山の熊野から大和に入りました。最初に敗れた時、太陽に向かって（東に向かって）戦ったのが悪かった、で太陽を背に受けて（東から）戦おう、と熊野に迂回したとありますから、その頃から太陽に対して特別な想いを持っていたのです。その後、改めて長髄彦と戦って破り、大和を平定したと、記紀に書かれています。熊野は、昔から皇室にとって神聖な場所ですからリアリティがあります。

有本　なるほど、そこにも太陽が出てくるわけですね。

ところで、わざわざ戦に負けた話を創作するというのは不自然なので、おそらく事実ではないか、と。

百田　そうなのです。しかも考古学的にも、非常に信憑性が高いのです。

有本　発掘された銅鐸《どうたく》ですね。銅鐸とは弥生時代の青銅器で釣鐘形をしたもので、おそらく祭祀に使われたものだと考えられています。

百田　そう。なぜその銅鐸で「神武東征」の信憑性が高いと考えられるのか。大和平野（奈良盆地）から発掘された銅鐸は、壊されているんですよ。畿内から中国地方が「銅鐸文化圏」だと言えますが、この宗教的な道具である銅鐸が、中国地方（特に出雲）の遺跡から発見されるものは、多くが壊れていない。無傷で発見されるケースが非常に多いのです。

でも、大和平野から発掘される銅鐸はほとんど壊されています。

有本　これが何を意味するのか、ですね。これも『日本国紀』に書かれています。

百田　そう。世界の歴史を見れば、ある民族、国家が別の民族や国家を征服した場合、まず被征服民族の宗教を弾圧することがままありますね。

有本　そして宗教的施設や祭祀の道具を破壊することも珍しくありません。

百田　つまり、大和平野から壊された銅鐸が出てくるということは、そこにあった国を別の文化圏の国が征服し、銅鐸を破壊したのだと考えることができます。

そうすると、この「神武東征」の記述と、符合するのです。

第2章

万世一系のすごさ

昭和天皇、秋田県御巡幸（昭和 22 年8月 13 日）

朝日の「誘導」

百田　さて、第一章で日本における天皇の見えざる権威について語り合ってきましたが、この章ではそれを支えてきた「万世一系《ばんせいいっけい》」の持つ意味と、先人たちがそれを守るためにいかに努力してきたかについて話したいと思います。

実は国民の間にも「万世一系」に関する天皇の皇位継承問題については、まだまだ一般に誤解があります。

有本　産経新聞社とFNN（フジニュースネットワーク）が、令和になってすぐに行った合同世論調査（五月一一日、一二日）を見ると、そう思いますね。

皇室の在り方に関して、男系継承の伝統を変えることになる「女系天皇」に賛成が六四・二％、女性皇族が結婚後、宮家を立てて皇室に残り皇族として活動する「女性宮家」の創設についても賛成が六四・四％に達しました。

反対はそれぞれ二一・四％、一六・三％です。

一方、「女性天皇」に賛成は七八・三％、反対は一三・一％です。

また、男系男子の皇族を増やすため、戦後に皇籍を離れた旧宮家が皇籍に復帰することについては「認めてもよい」が四二・三％、「認めないほうがよい」は三九・六％。

「女性天皇」と「女系天皇」の違いに関しては「よく理解している」が一〇・六％、「ある程度理解している」は三三・四％。

「あまり理解していない」は三一・六％、「全く理解していない」は二〇・三％で、合わせると半数を超えました。

百田　つまり、「女性天皇」と「女系天皇」の違いについて、一般にはよく知られていないということです。「ある程度理解している」と答えた人の「ある程度」もどの程度か怪しいと思っています。というのは「女系天皇」とは具体的に何を指すのか、私もよくわかっていません。おそらく「女性天皇が産んだ天皇」という意味なのでしょうが、その父が皇室の男性なのか否かの定義がなされていません。

有本　半数以上がよく理解していない事柄について、「賛成」か「反対」かを訊いても無意味ではないかと思うのですけどね。百田さんも「よくわかっていない」と仰る「女系天皇」というのは、先例のないものだと思いますが、朝日新聞をはじめとするメディアは、その用語を当たり前のように使って、キャンペーンを張っています。

百田　「女性天皇」はいらしても、「女系天皇」なんてものは歴史上、存在しません。

有本　「女系」とは、ある一人の母親、さらにその母親（母方の祖母）と辿っていく血

女性天皇10代8方（2方は重祚）

区分	代	天皇	説明
既婚、天皇もしくは皇太子の妃	33代	**推古天皇**	敏達天皇と結婚。子に聖徳太子の妃となる菟道貝鮹皇女、竹田皇子など。日本史上最初の女帝。聖徳太子を摂政に置いた。
既婚、天皇もしくは皇太子の妃	35代（後37代 **斉明天皇**）	**皇極天皇**	舒明天皇と結婚。子に後の天智天皇、天武天皇など。一度退いた位に再び復帰する「重祚」を初めて行った。
既婚、天皇もしくは皇太子の妃	41代	**持統天皇**	天武天皇と結婚。子に草壁皇子。壬申の乱など、歴代女帝中、最も政治的手腕を発揮。
既婚、天皇もしくは皇太子の妃	43代	**元明天皇**	草壁皇子（天武天皇皇太子）と結婚。子に後の文武天皇、元正天皇（女帝）など。既婚女帝の中で唯一「皇太子妃」から天皇になった。
未婚（独身）	44代	**元正天皇**	父は草壁皇子（天武天皇皇太子）、母は元明天皇。独身で即位した最初の女帝。歴代女帝の中で唯一母（元明天皇）のみが天皇になった。
未婚（独身）	46代（後48代 **称徳天皇**）	**孝謙天皇**	父は聖武天皇、母は光明皇后。日本史上唯一の「女性皇太子」を経て即位した女帝。
未婚（独身）	109代	**明正天皇**	父は後水尾天皇、母は中宮徳川（源）和子（父は徳川秀忠）。約九〇〇年ぶりの女帝復活。わずか七歳で天皇に即位。
未婚（独身）	117代	**後桜町天皇**	父は桜町天皇、母は藤原（二条）舎子。日本史上で最後の女帝。徳川幕府の同意を得て甥の成人まで中継ぎとして即位。

統を指すはずですが、そこに皇統（天皇の血統）はありません。たとえば、現在の内親王方の「女系」を辿ると、それは皇室の外にいきます。

問題は、そういう「女系」という、いわば政治的レトリックが当たり前に用いられ、それを一般化しようという力が働いていることです。

令和が開け、天皇

陛下のご即位の日になると、朝日新聞はさっそく「皇位継承資格、3人のみ　女性・女系天皇、政権は消極的」（朝日新聞二〇一九年五月一日）という記事を掲載しています。一部を引用します。

〈新しい天皇陛下の即位に伴い、皇位継承資格者はわずか3人となった。皇室典範は父方に天皇の血を引く「男系男子」による継承を定めており、皇位継承資格者は1989年の平成への代替わり時から半減。安定的な皇位継承策の検討は先送りできない課題だ。（中略）

皇位継承を安定させるには女性・女系天皇の議論は不可避だが、安倍晋三首相は否定的とされる。小泉純一郎首相は2006年の通常国会に女性・女系天皇を認める皇室典範改正案を提出する方針だったが、同年2月に秋篠宮妃・紀子さまの懐妊が判明。官房長官だった安倍氏は小泉氏を説得し、改正案提出の断念を主導した経緯がある〉

百田　いきなり「女性・女系天皇」という言葉を出してきましたが、女系天皇の説明はなし。その上で、「女性・女系天皇」と一括りにする。これは朝日の「誘導」ですね。

有本　そもそも、新しい御代が始まった日に、終わる時の話をする感覚もどうかと思います。私は不快ですね。しかも、「皇統安定のため」とのおためごかしを言う。

皇室典範が男系男子による継承を定めている、といかにも典範さえ変えればいいかのように、これまた「誘導」しています。

百田　これでは、なぜ「男系継承」が重要なのか、読者には分かりません。皇室典範が定めている、という説明ではね。

有本　皇統とは、イコール男系（父系）の血筋です。それが一度、「女系」に代われば、その瞬間に今日までの皇統の終わりを意味するという、事の重大性、深刻さをメディアは国民にはっきりと知らせるべきですよね。

繰り返しますが、「女系」には天皇の血統はありませんから。それを承知で大転換する、つまり王朝を替える決断をするのが正しいというなら話は別ですが。

〝歴史的〟暴挙

百田　先の章で述べたように、『古事記』、そして『日本書紀』の時点で日本にはすでに、「万世一系」であらねばならないという確固たる不文律がありました。この「万世一系」は「男系継承」だからこそ成立します。

どれほどの権力者であっても、「万世一系」の権威である天皇という存在を乗っ取ることはできなかったことも先に述べました。

たとえば、権力者が天皇を討ち、「自分は今日から天皇になった」と権威を乗っ取ることも物理的には可能でしょう。でも、天皇はそれができないほどの存在でした。

もう一つ、権威を乗っ取る方法としては、権力者が息子を「女性天皇」の婿にする。その子供が生まれ、天皇になったら……。

有本　皇位簒奪ということになりますね。

百田　そう。その天皇は「女系」になり、違う王朝になります。でも、それも歴史上、誰もできなかった。それすらできなかったのです。これが「万世一系」であらねばならないという不文律です。

「万世一系」については明文化されていないんですよ。だから不文律なのです。でも、足利も、織田も、徳川もそれを壊すことはできなかった。

あれほどの絶大な権力を持つ者も含めて歴史上、誰もしなかった、できなかったことを、今、朝日新聞をはじめ日本のメディアが行おうとしているのです。これはとんでもない暴挙ですよ。

有本　今の政治家もその暴挙を行おうとしている中に含まれます。日本の歴代の権力者が手をつけなかった、手をつけられなかった。結果として守られてきたものに触る。これに畏れを感じない人たちが大勢いることを、恐ろしいと感じます。

百田　男女同権論みたいな、すごく薄っぺらい理屈でもって、日本の歴史上、一度も絶えなかった「万世一系」を変えようとする。これほど傲慢な考え方はないですよね。

有本　傲岸不遜。たとえば、「皇籍離脱《こうせきりだつ》した旧宮家を復活させることは、なかなか理解が得られない」という意見があります。

一〇年くらい前は私も、確かに一度、民間に臣籍降下《しんせきこうか》した人を、もう一度「この人、宮様です」としても国民に受け入れられるかな、と思っていたのですが、今は違う考えです。

あくまで比較の問題としてですが、たとえば秋篠宮家の眞子内親王殿下の婚約内定者である小室圭さん。彼のような完全な民間人で、天皇の血統にない方が皇室に入ることに抵抗がないのなら、旧宮家、つまり天皇の血統にある方々に皇室にお戻り頂くのを排除する理由はないでしょう。

光格天皇の先例

有本　現在の皇室でいえば、次世代は悠仁《ひさひと》親王殿下しかいらっしゃらないわけですから、旧宮家の方々に復帰頂くのは一つの案として考える必要があると思います。

実は、このような皇統の危機は初めてではないですよね。

百田　約二四〇年前の光格《こうかく》天皇（一一九代、在位一七七九―一八一七年）の時に危機がありましたね。光格天皇は、閑院宮典仁《かんいんのみやすけひと》親王の第六子で、安永八（一七七九）年、後桃《ごもも》園《ぞの》天皇（一一八代、在位一七七〇―一七七九年）の養子として一〇歳で即位しました。この時、閑院宮家がなければどうなっていたかということなのです。

有本　後桃園天皇には女のお子様しかいらっしゃらなかったから、閑院宮家から養子をお迎えになったわけですね。まさに皇統の危機。

百田　そうです。その閑院宮家は、光格天皇が即位する七〇年前の宝永七（一七一〇）年に立てられたのですが、それがなければ、光格天皇の存在もありません。

有本　閑院宮家は、後桃園天皇から五代遡った東山《ひがしやま》天皇（一一三代、在位一六八七―一七〇九年）の第六子、直仁《なおひと》親王が創設されました。直仁親王は光格天皇の祖父に当たります。

百田　閑院宮家創設には、新井白石の先見の明があったんですよ。六代将軍・徳川家宣《いえのぶ》の侍講《じこう》だった新井白石が、皇統の断絶を心配して、宮家を立てたんです。当時、嫡子以外は出家するのが慣習となっていて、皇嗣《こうし》がほとんどおらず、これでは皇統が断絶するという危機感を新井白石は抱いたわけです。

有本　実際に承応三（一六五四）年の後光明《ごこうみょう》天皇（一一〇代、在位一六四三―一六五四年）崩御の際には、お子様は内親王しかおられず、すでに高松宮を継いでいらした後水尾《ごみずのお》天皇（一〇八代、在位一六一一―一六二九年）の第八皇子が後西《ごさい》天皇（一一一代、在位一六五四―一六六三年）となられていますからね。つまり、すでに皇統の危機があったわけです。

百田　その経験も元になって閑院宮家を創設しました。

宮家創設は実は徳川御三家がヒントになっているんですよ。

徳川の将軍も世襲ですが、本家の血筋が絶えた時のために、家康の男系男子の子孫からなる御三家（尾張徳川家、水戸徳川家、紀州徳川家）をつくっていましたね。

この御三家が生きたのは徳川幕府の第七代将軍である徳川家継《いえつぐ》がわずか六歳で亡くなった時です。家継の死によって二代将軍秀忠の血を引く徳川直系の男系男子は途絶えたので、幕府は御三家の一つである紀州の藩主、徳川吉宗（家康の曾孫）を第八代将軍とします。御三家がなければ徳川家も危なかったのです。
有本　徳川のように大奥によって側室がたくさんいる状態でも、そのような危機は訪れるということがわかりますね。
百田　側室がいくらいても、子種のない将軍が出てきたら直系は途絶えます。

宮家が少ない理由

有本　ですから「現代の感覚で側室制度を用意するなんてことはあり得ないから男系男子の伝統を守るのは難しい」という論の立て方は、おかしいと思います。百田さんが仰ったように側室があっても男子が生まれない、あるいは子供が生まれないということもあるのですからね。だからこそ宮家が必要だったと言えます。
百田　さらに言うと、紀伊から第八代将軍になった徳川吉宗は、代々自分のところから将軍を出したいと思うようになります。それで御三卿をつくったんですね。新たに自分の血統を継ぐ田安家、一橋家、清水《しみず》家を立てました。
有本　清水家は吉宗の長男である家重《いえしげ》が自分の息子を取り立てたものですね。
百田　そうです。そして最後の将軍、徳川慶喜《よしのぶ》はその御三卿である一橋家から出ました。慶喜はもともとは水戸家の徳川斉昭《なりあき》の第七子で、一橋家を継いでいたということではありますが。

有本　こう歴史を見ていくと、戦後、様々な事情で昔とは環境が異なる部分はありますが、皇統を守るためには、現代でも宮家は必要だと考えざるを得ません。

百田　必要ですね。現在の皇族、つまり宮家には、秋篠宮家、常陸宮《ひたちのみや》家、三笠宮家、高円宮《たかまどのみや》家がありますね。そもそも、なぜ宮家がここまで少なくなってしまったかといえば、戦後、昭和二二（一九四七）年一〇月一四日に、内廷皇族と秩父、高松、三笠の いわゆる三直宮《じきみや》を除く、一一宮家五一方が皇族の身分を離れたからです。これは新憲法下の皇室典範によります。

しかし、その前に出されていたGHQ（連合国軍最高司令官総司令部）の指令によって一一宮家は今までのようには生きてはいけないようにされていたのですよ。

有本　昭和二〇（一九四五）年一一月一八日のGHQによる「皇室財産凍結に関する指令」や、昭和二一年五月二一日の「皇族の財産上その他の特権廃止に関する指令」ですね。「皇族の財産上その他の特権廃止に関する指令」は、天皇は皇族に対して一切の金銭・財物の賜与・貸付をしてはならないというものです。

百田　これらによって実際に、各宮家に贈賜されていた歳費等の打ち切りや、皇室財産の廃止・縮小という措置が取られ、皇族は生きていけなくなったのです。

有本　そして日本国憲法下で臣籍降下され、皇室財産は国有化されました。天皇陛下を、あるいは皇統を守る環境がどんどんなくされていったわけです。

天皇の〝条件〟

百田　宮家がなければ皇統の危機が払拭されないことは明らかなのですから、旧宮家の方々に復帰して頂けばいいと思いますね。

有本　旧宮家の方々は現在、民間で生活されておられるわけですが、たとえば明治天皇（一二二代、在位一八六七―一九一二年）の玄孫《やしやご》である竹田恒泰さん。私は彼とずっと番組（『虎ノ門ニュース』ＤＨＣテレビ）でご一緒しています。

ご本人は絶対その気はないと断言されているので皇族となる可能性はゼロに近いのですが、身近な方なのでサンプルにさせて頂きますね。竹田さんは非常に面白くて、ちょっとやんちゃな方ですよね。そうすると、竹田さんのようにやんちゃな人が宮様になられるのはどうかと言い出す人がいます。でも、別に宮様がやんちゃであったとして、何が問題？　と私は思いますけれども。
百田　竹田恒泰さんが人格者ではないと言うつもりはまったくないけど……。
有本　いい方ですよ。やんちゃですけどね（笑）。
百田　でも、竹田さんが人格者だから皇族になるというわけではありませんから。
有本　そう。現代は皇室がメディアにさらされるという別の問題はありますが、別にやんちゃな方が皇室にいらしてもいいじゃない、と思いますが。
百田　人格高潔、高い見識があるというのは皇族、もっと言えば、天皇の〝条件〟ではありません。
有本　そこには、現代人の誤解があります。特に古代の天皇には、とても人間味溢れる方がいらっしゃいますよ。
百田　皇統の危機は、悠仁殿下の次の世代ですから、竹田さんご自身が天皇になられることはないでしょうが、竹田さんだから駄目だということはないと思いますね。
有本　竹田さんには万が一そういうことになったとしても、『虎ノ門ニュース』には出てくださいと言いましたよ（笑）。もちろん冗談ですが。
百田　人格や知識は天皇になられる方に関係ないと思いますが、ただ私の中では天皇の〝条件〟というのはあるんです。後に詳しく述べますが、かつて昭和天皇（一二四代、在位一九二六―一九八九年）が「ご聖断」で、「日本を守るためには自分の身はどうなってもかまわない」というお気持ちを示されました。何も天皇に自己犠牲を強いるつもりはありませんが、この大御心《おおみこころ》、常に日本の未来を何よりも優先されるお気持ちだけは、次に天皇になられる方にも持って頂きたいと私は思いますね。

おそらく、昭和天皇と同じお気持ちは上皇陛下も今上陛下も持っておられると思います。そのような大御心が表に現れるのは日本にとって不幸な時だと思いますので、それが形として現れるような状況になってはいけないと私は思っていますけれども。

有本　代々同じ大御心というか、ご覚悟は継いでいらっしゃると思いますね。

百田　そういう意味で、復帰される旧宮家の方から天皇になられる方がいらっしゃるとすると、歴代天皇と同じ大御心を持っておられるかどうか。

有本　民間で過ごされた期間が長いと、ということですか。

百田　天皇になられる方にはある種の帝王教育がなされていますから、その環境作りが必要だと思います。

有本　旧宮家にいらっしゃる男系男子の方々で、幼少の方を、というお話もあります。

百田　幼少からであれば、ご自身が特殊な立場だと自然と認識できますね。

歴史上「女系天皇」はいない

有本　皇統の危機に私たちはどう対応すればいいのか。今ちょっと気になるのは、天皇の大御心を世の中が想像しすぎますよね。特に左派の人ほど、自分たちに都合のよい資料が出てくると切り取って大騒ぎをし始めます。

不思議なことに、左翼的な人ほど天皇陛下のお言葉、神通力に頼ろうとしますね。陛下はこう言っているとか、陛下にこう言ってもらいたいとか。山本太郎氏の天皇陛下への直訴もありましたが、ああいった政治利用を左翼ほどしたがりますよね。

たとえば私も、おそらく百田さんもでしょうが、天皇陛下がこう仰ったというようなことを仄聞《そくぶん》することはあります。でも、それを公言はしませんよね。

百田　しないですね。

有本　では私たちはどう行動すればよいのかと言えば、先例に学べばいい。先例にないことについては極めて慎重でなければならないし、先例から変更することには、現代の政治家や、現代の感覚を持つ私たちは畏れを持つべきでしょう。

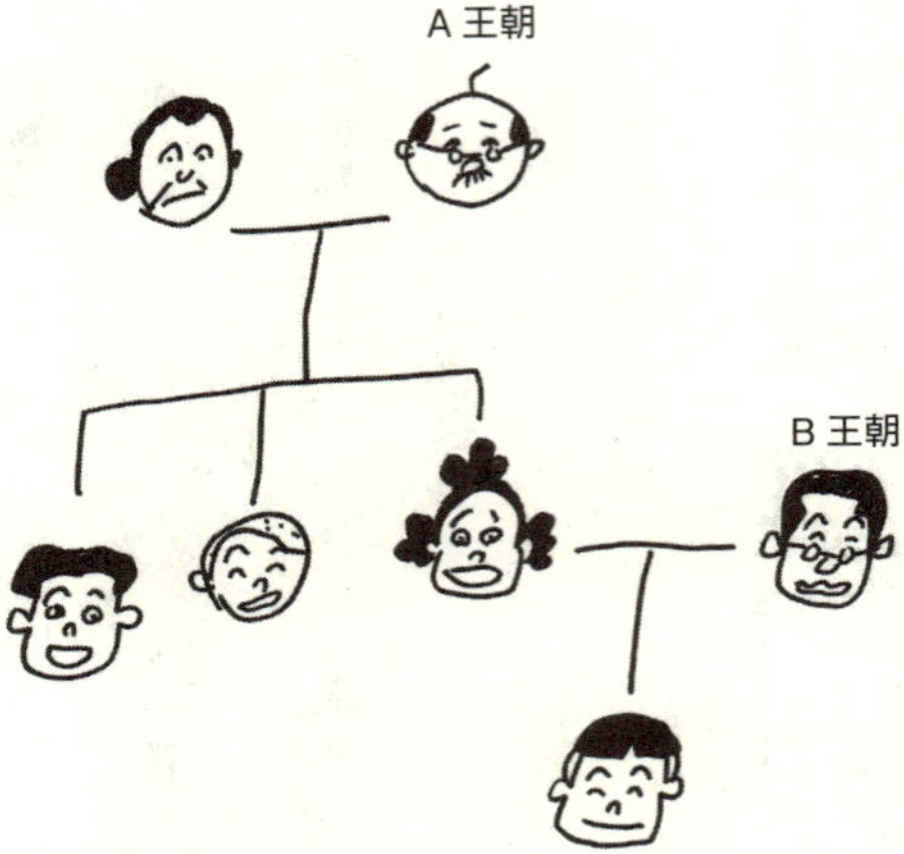

概念図

ですから現代でもコンセンサスが得られる形で宮家復帰を考えるしかないと思います。

では、なぜそこまでして「万世一系」を守ること、つまり皇室が男系男子で皇統を継ぐことが大事なのか、をもう少し語りましょうか。

百田 『日本国紀』にも書きましたが、この話はアニメの『サザエさん』一家を皇室と考えてみるとよく分かります。磯野波平を天皇とすると、もし波平が亡くなってサザエが天皇になれば彼女は男系の「女性天皇」になります。

次にサザエの後に弟のカツオが天皇になれば、そのまま「磯野朝」（図のA王朝）の男系天皇は保たれます。しかしサザエの後に息子のタラオが天皇になると、そこで「万世一系」は途絶え、「磯野朝」から「フグ田朝」（図のB王朝）に王朝が代わります。

有本　そうなんですよね。王朝が代わってしまう、日本が日本でなくなるかもしれない一大事です。サザエの息子のタラオが天皇を継ぐと、それが過去に例のない「女系天皇」です。タラオは男ですが、波平とは女系のみでつながっている。タラオの男系はマスオにつながりますから、フグタ朝の初代王ということになりますね。ここが広く理解されていません。

百田　六九ページの表に書いたように、実は日本には過去八人の女性天皇がいます（重祚を含めると一〇代）。いずれも一種のツナギ役として天皇になったケースですが、うち四人は既婚者です。その夫は三人が天皇で、一人は皇太子です。ですから「女性天皇」の子供であっても、天皇の男系を継いでいるのです。

有本　他の四人の「女性天皇」は未婚で、子供を産みませんでした。ですから、タラオのような「女系天皇」は日本の歴史上、存在しません。

百田　明治にできた皇室典範では女性天皇は認められていませんが、過去にも女性天皇がいたことから、女性天皇は認められてもいいのではないかとも思ったりします。しかし、その女性天皇と皇族以外の男性との間にできた子供を天皇にするのは、前記の理由から反対です。女性天皇を認めることがそのトバ口となる恐れがありますね。

「血統」を説明する

百田　朝日新聞は、「世襲」批判もしていました。

有本　はい。二〇〇年ぶりの譲位、日本の歴史的な瞬間を迎える時に、朝日一面の名物コラム「天声人語」は次のように国民をたしなめました。

〈天皇制という、民主主義とはやや異質な仕組みを介して▼世襲に由来する権威を何となくありがたがり、ときに、よりどころにする。そんな姿勢を少しずつ変えていく時期が、来ているのではないか〉（朝日新聞二〇一九年四月二五日）

百田　これは驚きますね。

有本　日本国憲法第一条に規定されている「日本国民統合の象徴」を「ありがたがるな」とまで言うのなら、朝日こそが憲法改正の旗振りの先頭に立つべきでしょう。

百田　「世襲」批判もしていますが、日本国憲法にこう書いてあるんですけどね。

〈第二条　皇位は、世襲のものであつて、国会の議決した皇室典範の定めるところに

より、これを継承する〉

そして皇室典範には、次のように書いています。

〈第一条　皇位は、皇統に属する男系の男子が、これを継承する〉

朝日は護憲派なのに、憲法を読んでないんでしょう。

有本　彼らが常日頃、絶対に護るべき、と言っている憲法に「世襲」と書いてあり、皇室典範に「男系男子」と書いてあるわけですが、それをも覆そうとするのが朝日新聞を筆頭とする勢力です。

百田　朝日に惑わされないために、先ほどの「サザエさん」の説明に補足すると、いわゆる「Y染色体」の話があります。

女性の性染色体はXXで、男性の性染色体はXYです。父と母の性染色体を継いだ子供が、XXとなれば女性、XYとなれば男性になります。男性は父親のY染色体を継いでいます。つまり裏を返せば、男系ということは、同じY染色体を持った父親を初代まで遡れるということなんです。

「女性天皇」が皇統の外のY染色体を持った男性と結婚した場合、その子は天皇のY染色体はどこにもないということになります。

有本　でも、私はこの話はしたくないんですよ。

百田　なんでや？

有本　天皇は血統を継ぎ、祭祀の継承をしているのです。ですから、遺伝子や染色体で語るのはちょっと抵抗があります……。理屈ではないですから。

百田　血統の意味が分からない人には、理屈で言うしかありません。「理屈やないんです」と言ったら、「理屈やないなら別に血統やなくてええやろ」で終わり。

　だからサザエさんの説明で十分だけど、性染色体の説明は補強です。

有本　染色体で説明するのには違和感がありますよ。伝統は、すべてが現代科学で説明できるものではありませんから。

百田　朝日新聞が「世襲に由来する権威を何となくありがたがり」と書いているんですよ。世襲、つまり血統です。彼らはこの現代に非合理なことだと言っているのです。だったら合理で説明してやろうというのです。「実は現代の科学でも説明がつく」ということを補足で言えばいいのです。

有本　近代の合理性で説明できないものを否定する朝日のような人たちには、所詮、伝統の重みは理解できないのですよ。伝統とは非合理なものだから。

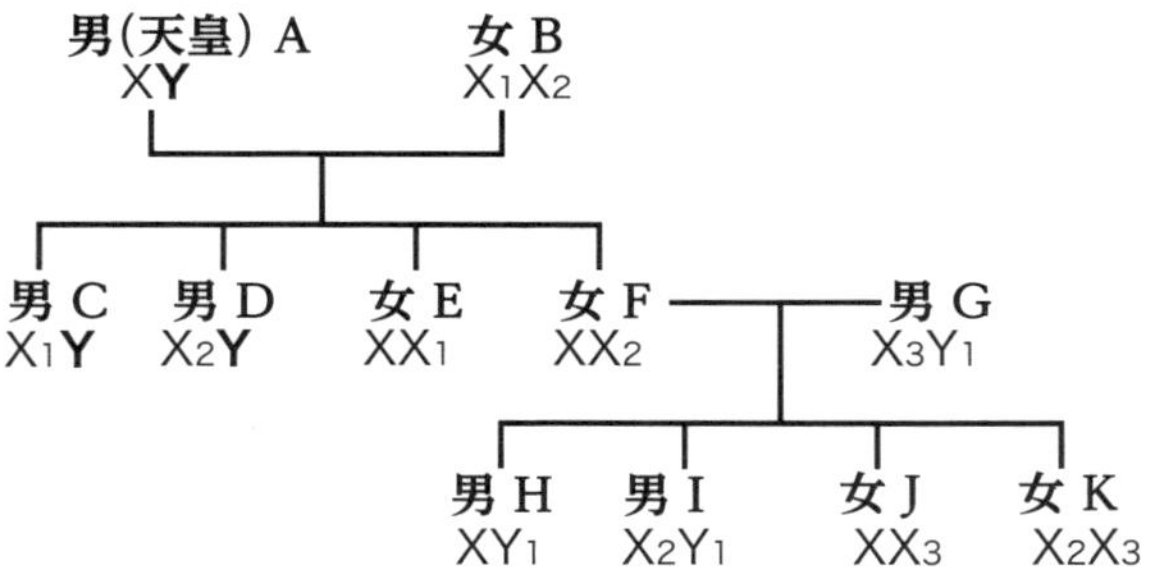

図１　Ｙ染色体は残る

百田　「理屈抜き」と言うと、「男女差別やないか！」と言われますよ。「なんで女系がだめで、男系がええの？」と言われるんですよ。

　朝日新聞が分からなくても、普通の人が分かるような手助けは必要です。皇室伝統は血統です。非合理ではありません。その血統を説明するのにＹ染色体はとても分かりやすい。

　Ｙ染色体の話を図で説明します。このあたりは少し難しいかもしれませんが、科学の勉強と思って学生時代に戻ったつもりで読んでください。

　人間には二三対の染色体がありますが、その一つ一つが父と母から受け継いで対になっています。性を決定するいわゆる「性染色体」は女性の場合（XX）ですが、男性の場合は非対称の

（XY）です。まず、これを頭に入れておいてください。
図1の天皇Aの性染色体を（XY）とします。配偶者の女性Bの性染色体を（X_1X_2）とします。すると二人の間に生まれた子供のパターンは男C（X_1Y）、男D（X_2Y）、女E（XX_1）、女F（XX_2）になります。つまり男の子はすべて天皇である父親のY染色体を持っていますが、女の子は持っていません。男の子はこのようにして、息子が生まれると、ずっと同じY染色体を受け継いでいきます。ついでながら言いますと、天皇Aの父も祖父も曾祖父も同じY染色体を持っています。

ところが、天皇の娘の女性E（XX_1）、F（XX_2）が皇室以外の男性Gと結婚すると、生まれてくる男の子（H、I）には天皇のY染色体はありません。その子が天皇のX染色体を持っている可能性はありますが、それはDNA鑑定をしないかぎり判定不可能です。あるいは天皇のX染色体を持たない男子ばかりが生まれてくる可能性もあります。これは女の子（J、K）にしても同じです。

しかし男系の男の子で続くかぎり、何十世代にわたっても、天皇のY染色体だけは絶対に残っているのです。

古代の本能

百田　なぜ男系なのかという理由もＹ染色体で説明できます。
遺伝子は子から孫へ受け継がれていくたびに薄くなっていきます。何代も後の子孫になると、初代の男性の遺伝子はほとんど残っていない可能性もあります。ところが、二三対のうち二二の染色体で初代の男性の染色体が受け継がれなくても、Ｙ染色体は絶対に残る。つまり最低でも一つは残っているということなんです。これが重要なんです。

有本　神武天皇のＹ染色体と同じＹ染色体を持っている方が今上陛下という理屈ですね。

百田　そう。

有本　でも私は、やっぱり天皇という存在を私たちの現代の感覚や科学的用語で、どうこう語ることには抵抗があるんですね。

百田　それは朝日をはじめメディアが「血統、血とか言うな」と言ってきた空気に毒されているんですよ。戦後、人種や血統について語ることをメディアが忌避してきました。タブーです。

有本　人種や血統は個人の努力で変えられないものですからね。自身の努力で変えられないものを公で語る時には確かに慎重さが必要です。

百田　でも皇統とは血統ですよ。「女系」になると、遺伝子で完全に断絶が起きます。「血」が消えちゃうんですよ。「血が消える」と言うと、「血って何ですかっ！」と進歩派は言うんですよ。「今は使っちゃいけない言葉でしょ！」と。メディアでは「血」という言葉は使えませんからね。それは差別だと言われます。

有本さんがY染色体について語りたがらないのは、「血統、血……。それ、絶対駄目！」という現代の感覚ですよ。

有本　違います。天皇は血統だということには何の異存もありません。ここまでずっとそれを土台に話をしてきたじゃないですか。

百田　私は民放で長い間、仕事をしているから、「遺伝子」なんて言葉を使うと、もうプロデューサーが、ドキッとすることを知っています。実は有本さんが『日本国紀』を書いている時に、「Y染色体の話はやめて」と言うので、「ああ、こいつもか」と思ったんです。『日本国紀』には書きましたけどね（笑）。

有本　こいつもかって（笑）。それは誤解です。逆に、そういう進歩主義とはほど遠い感覚を大事にしたいから、伝統を遺伝子で語ることに違和感があるのです。

百田　『日本国紀』に書いたように、古代の人は遺伝子も、Ｙ染色体も、もちろん科学的な知識としては知らなかったんです。ところが、古代の人はこれを本能的に知っていたということなんです。これがすごいなと思うんです。

その本能を、今、現代科学がもっと簡単に、きれいに説明できる。これがすごいんですよ。ですから、現代科学でも説明できる、と補足しておきます。

第3章　歴代天皇の大御心

昭和天皇、広島県御巡幸（昭和 22 年 12 月7日）

民のかまど

百田　日本の民は、他国では考えられないようなモラルを持ってきました。そしてその民のモラルを支えているのが皇室だと私は思います。あの有名な仁徳《にんとく》天皇（一六代、在位三一三—三九九年）の「民のかまど」の話がそれを表しています。

有本　『日本国紀』に書かれた重要なエピソードですね。

百田　はい。「民のかまど」の逸話は簡単に紹介すると、次のようなものです。

仁徳天皇は高台に登って、民のかまどからご飯を炊く煙が出ていないのをご覧になり、民衆が苦労しているのではないか、とお考えになった。そして、「これから三年間の税を免除しよう」と仰ったのです。さらに仁徳天皇はご自身も、着るものも買わず、御所の屋根や塀が壊れても修理されませんでした。

そうして三年が経ち、ようやくかまどから煙が立ち上るようになったのです。それをご覧になって仁徳天皇は「私はすっかり富んだ。どうして憂えることがあろうか」と喜ばれた。皇后がなぜ富んだと言えるのですかと尋ねたら「煙が国に満ちている。民は豊かになっている」と仰った。皇后がまた、こんなに御所も何もボロボロで、なぜ富んだと言えるのですかと尋ねたら、天皇はこう仰ったというわけです。

「もし民が貧しければ、私が貧しい。民が豊かなら、私が豊かなのだ」
一方で民衆は御所の状況を見て「えらいこっちゃ」と。仁徳天皇の御所の屋根も塀も壊れていてボロボロ、自分たちはもう大丈夫だから税をとってほしい、そして御所を修理させてほしいと申し出たんです。でも天皇はさらに三年、税を免除した。
六年経ってようやく天皇は、税を課して御所を直すことにしたのですが、その工事に民は馳せ参じて、すすんで力を尽くし働いたというわけです。

有本　七二〇（養老四）年に成立した『日本書紀』にある有名な話ですね。

百田　この逸話のすごいところは、書かれたのが七〇〇年代だということです。
たとえば共産主義国家が、「スターリンはかつてこんなすごいことをした」と伝える。あるいは金日成は、毛沢東はこんな立派なことをしたと伝えたところで、いかにも共産主義プロパガンダです。そういうものはたくさんありますね。共産主義国は「トップは素晴らしいことをした」と業績を称え宣伝します。

有本　今でも中国や北朝鮮で、中国の習近平国家主席や北朝鮮の金正恩朝鮮労働党委員長を称えるアナウンスは、しょっちゅう行われています。

大御心と大御宝

百田　また、現代の自由主義社会でも、政治の世界でこのような逸話が流れれば、人気取りの宣伝であるかもしれません。いわゆるポピュリズムのためのものです。
　ところが『日本書紀』が生まれた七〇〇年代に、そんなポピュリズムを実践する必要はないんです。

有本　選挙で天皇が選ばれるわけではないですからね。

百田　そう。しかも古代の天皇はすでに絶対的権力者なので、共産主義国家のようにそれを偶像化する必要もないのです。
　さらに、『日本書紀』は漢文で書かれていますから、一般民衆はそれを読むことができないんですよ。当時、テレビもない、新聞もない、インターネットもないので、『日本書紀』に書いても一般に流布することもできないんですよね。

有本　ポピュリズムになり得ないと。

百田　そう。ですから仁徳天皇の言葉は本当にあったのでは、とも思います。仁徳天皇は「民のかまど」から煙が立ち上っているのをご覧になり、「朕はすでに富んだ」と本当に喜ばれたのですよ。

これが日本の天皇と世界の権力者との違いなんですね。つまり日本の天皇は常に民とともにあるのです。『日本国紀』に敢えて書きましたが、天皇の心を「大御心《おおみこころ》」と言います。対して民は「大御宝《おおみたから》」。つまり天皇の、国の宝なんですよ。そんな国が世界のどこにありますか。

有本　「大御宝」の語源には様々な説があるようですが、天皇の宝と考えると自然ですね。世界では、権力者と民は主人と奴隷という関係が多かったのに、日本は天皇とその宝というふうに考えたと。

百田　日本はまったくそうではなかったというのがすごい！

有本　『日本書紀』に「民のかまど」の話を書き残したということは、当時、すでにこの逸話に込められた価値観を素晴らしいと思っていたわけですよね。

仁徳天皇という諡《おくりな》からもそれが窺えます。

百田　時代が下って、七〇〇年代の聖武《しょうむ》天皇も、飢饉や天然痘が流行した時に、これは自分の政《まつりごと》に問題があるからだと思い、「責めは予《われ》一人にあり」という言葉を残しています。そのため世の乱れを仏教で救おうと東大寺の大仏を建立しました。これは私利私欲のためや権力の誇示のためではありません。ついでながら言えば、聖武天皇の妃である光明皇后は、孤児や貧しい人々のための保護施設や、病人のための治療施設を作って、自らも病人の治療に当たっていています。

ポツダム宣言受諾の時

百田　この聖武天皇の話や仁徳天皇の逸話、大御心と大御宝の関係は、単に古いテキストの中の〝きれいごと〟ではありません。これがまさに具現化された時があったんですよ。

有本　単に古代の「ええ話やなあ」ではないと。

百田　そう。仁徳天皇と歴代天皇が、みんな同じお気持ちだったであろうことが、はっきりとわかった瞬間が現代にもあったのです。それがポツダム宣言受諾の時です。

有本　日本史上最大の危機の時ですね。

百田　つまり、「ご聖断」なんですよ。

有本　「ご聖断」は、『日本国紀』に大きく取り上げましたね。

校了寸前、大詰めになって、百田さんが、ポツダム宣言受諾のご聖断のくだりについて、すでに書いていたものに「もっと加筆したい」と仰った。そして元の倍ほどの分量まで紙幅を割きました。

百田　もう『日本国紀』のページ数は決まっていたんですけどね。

有本　だから編集側としては、「これ以上、文字の分量を増やさないで！」「ページ数が変わってしまう。どうしよう！」という状況。それでも百田さんは加筆されました。しかし結果としては加筆して本当によかったと思います。

百田　「ポツダム宣言受諾」は誰でも知っていますが、従来の歴史の教科書からは、そこにある民族の屈辱、怒り、悲しみ、絶望が、まったく伝わって来ないのです。

有本　本当にそうですね。「ポツダム宣言受諾。以上、終わり」という感じですから。

百田　「ポツダム宣言受諾」は昭和二〇（一九四五）年八月一〇日の御前会議で決定しました。この時の昭和天皇のお言葉は、日本人が知っておかなければならないものです。ここでも少し紹介しましょう。

御前会議が膠着した理由

百田　昭和二〇年八月一〇日の御前会議は、午前〇時三分から始まりました。会議の列席者は、鈴木貫太郎《すずきかんたろう》首相、東郷茂徳《とうごうしげのり》外務大臣、阿南惟幾《あなみこれちか》陸軍大臣、米内光政《よないみつまさ》海軍大臣、梅津美治郎《うめづよしじろう》陸軍参謀総長、豊田副武《とよだそえむ》海軍軍令部総長、平沼騏一郎《ひらぬまきいちろう》枢密院議長の七人です。他に陪席が四人いました。

司会の首相を除く六人は「ポツダム宣言受諾派」と「徹底抗戦派」で真っ二つに分かれました。外相、枢密院議長、そして海相が「ポツダム宣言受諾派」で、陸相、参謀総長、軍令部総長の三人が「徹底抗戦派」です。

ちなみに陸軍の作戦を考えるのが陸軍参謀本部で海軍の作戦を考えるのが海軍軍令部ですから、陸軍大臣、海軍大臣、陸軍参謀総長、海軍軍令部総長の四人は戦争のオーソリティーですね。

話を戻すと、会議では三対三に意見が割れ、お互いがまったく譲りませんでした。しかし、この時に徹底抗戦を叫んだ人たちも、実は日本はこのままでは敗れるとわかっていたのです。というのは、この会議の前日、八月九日は非常に重要な日ですから。

有本　長崎に二発目の原爆を落とされた日ですね。

百田　そう。さらに同日、八月九日はソ連が「日ソ中立条約」を破って参戦した日です。日本のたった一筋の細い希望の糸は、ソ連の仲介によって講和することでした。これがただ一つの望みだったのですが、スターリンが日本を裏切って参戦したわけです。

有本　日本は講和の望みを絶たれた。

百田　そこで御前会議が開かれたわけですが、日本の徹底抗戦を主張した陸軍大臣や陸軍参謀総長も、もう駄目なのはわかっているわけですよ。

では、なぜ彼らは徹底抗戦を主張しなければならなかったのかというと、ポツダム宣言を受諾したら昭和天皇が戦犯として処刑される可能性があったからなのです。

有本　はい。実際その可能性は高かったと思います。

百田　だからポツダム宣言を受諾せず徹底抗戦だと主張しました。

一方の「ポツダム宣言受諾派」はこのままでは日本が滅ぶということで、もう慚愧の思いを持ってポツダム宣言を受諾しようと主張した。それで三対三に分かれたのです。

膠着状態で会議は続けられ、午前二時までの間、昭和天皇はひと言も発言されませんでした。この時、昭和天皇は四四歳です。

ご自身の命がかかっているのに、一言も言葉を発しない。

ところが午前二時が過ぎてもまったくの膠着状態だったため、鈴木貫太郎首相が、「事態は極めて緊急であって、一刻の猶予も許さない状態であるから、甚だ先例もなく懼《おそ》れ多いことであるが、ここで陛下の思し召しを伺うことによって、われわれの決心を決めたいと思う」というようなことを言ったのです。

　ここで昭和天皇は「それならば言おう」とお話しになりました。

「自分は外務大臣の意見に賛成である」

　外務大臣の意見というのはポツダム宣言受諾です。この瞬間にポツダム宣言受諾が決まったんですよ。

有本　ご自身の命がかかっている局面ですが、そう仰ったわけですね。臣下たちは陛下のお命を守りたいと「徹底抗戦」を言い、陛下は国民を思ってご自身の命はどうなってもいいと思われた。ここで日本古来の天皇と国民の関係がまた現れたのですね。

君臨すれども親裁せず

百田　しかも、ここに至るまでの間、陛下は最後の最後まで、ひと言も発言されなかったのです。
『日本国紀』に書きましたが、昭和天皇は「君臨すれども親裁《しんさい》せず」です。従って、御前会議でも出席者の意見を聞くだけで口を出さないという姿勢を貫いていらっしゃいました。つまり天皇は専制君主ではなかったのです。

実は大東亜戦争の開戦に昭和天皇は反対で、戦争回避のためにいろいろ画策されました。昭和一六（一九四一）年は、開戦までに御前会議が四回開かれています。そのうち九月六日の御前会議で昭和天皇は、発言しないという慣例を破ってまで明治天皇の御製《ぎょせい》を読み上げていらっしゃいます。

よもの海　みなはらからと思ふ世に　など波風の　たちさわぐらむ

有本　明治天皇が日露戦争時に平和を祈って詠まれたものですね。

百田　そうです。政府の決定は覆せないため、昭和天皇は明治天皇の御製を読まれたのです。これも異例のことで、それくらい口をお出しにならない姿勢を貫かれました。

結局、昭和一六年一二月一日の御前会議で開戦が正式決定しますが、この時も昭和天皇は、反対とは発言されませんでした。昭和天皇は非常につらかったと思います。

有本　唯一、例外がありますね。

百田　はい。「二・二六事件」の時です。

昭和天皇がその生涯において、政治的な決断を下したのは、終戦の「ご聖断」と、「二・二六事件」の二度だけですね。

有本　「二・二六事件」は、昭和一一（一九三六）年二月二六日に陸軍の皇道派青年将校が、約一四〇〇人の兵士を率いて起こしたクーデター事件です。内大臣の斎藤実《さいとうまこと》、大蔵大臣の高橋是清《たかはしこれきよ》、教育総監の渡辺錠太郎《わたなべじょうたろう》らを殺害して、国会議事堂や首相官邸周辺を占領しました。

二・二六事件という例外

百田　高橋は陸軍の予算を削ったことで、青年将校たちの恨みを買っていたんですね。青年将校らは政党や財閥や政府重臣らを腐敗したと考えた。その腐敗したものを取り除き天皇親政を実現するという理想に燃えていたのです。でも、テロリズムによる政権打倒は許されることではありません。

昭和天皇には、この事件は下手をすれば日本の大きな分岐点になるという思いがあったのでしょう。実際、大きな分岐点になりました。

侍従武官長は、蹶起《けっき》した青年将校たちの心情だけでも理解してもらいたいと昭和天皇に上奏したのですが、天皇は「朕が股肱《ここう》の老臣を殺戮《さつりく》す、此の如《ごと》き凶暴の将校等、其《その》精神に於《おい》ても何の恕《じょ》すべきものありや」と怒りをあらわにされました。

有本　「股肱の老臣」とは、信頼のおける老臣ということですね。その老臣を殺戮するような凶暴な将校は、どんな理由があっても許されるものではないと仰った。

百田　そして軍首脳部に「速やかに鎮圧せよ」と命じたのですが、陸軍首脳部は躊躇《ちゅうちょ》したのです。陸軍首脳部の思いとしては、「自分たちの部下だし、彼らの理想もわかるし、とても彼らを討てない」ということでしょう。

するとと昭和天皇は、自らが近衛兵を率いて鎮圧すると宣言したのですよ。そこで初めて陸軍首脳部は「わかりました。やります」となり、三日後にやっとクーデターは鎮められたのです。

昭和天皇にあったのは、ただ単に信頼する老臣を殺害されたという怒りだけではありません。「これを許したら、民主国家でなくなる」という危機感があったからなのです。そのために、自らに課していた「口を出さない」ということまでも取り払って、「自分が鎮圧する」と仰った。本当に立派な方です。

有本　この二・二六事件は昭和天皇が危惧されたように、実際に日本の右傾化に影響を与えることとなりましたね。この後、テロの標的にされる恐怖から、政治家は軍を批判できなくなってしまいました。

歴代天皇の「お言葉」

百田　「ご聖断」については迫水久常さん（元内閣書記官長）の証言が残っています。

迫水さんによれば、御前会議の出席者は「ご聖断」が下った後、最初はすすり泣きで、やがて声を上げて泣いたということでした。日本は負けたと全員号泣したのです。昭和天皇は白い手袋をはめていらっしゃったのですが、その親指を眼鏡の裏に入れて何遍か眼鏡の曇りを拭われたのだと迫水さんは述べています。つまり、昭和天皇も泣いていらっしゃったのだというわけです。

その後、昭和天皇は「念のために理由を言う」と、みんなが号泣している中、絞り出すような声で次のようにお話しになりました。

「本土決戦を行なえば、日本民族は滅びてしまうのではないか。そうなれば、どうしてこの日本という国を子孫に伝えることが出来ようか。自分の任務は祖先から受けついだこの日本を子孫に伝えることである。今日となっては、一人でも多くの日本人に生き残っていてもらい、その人たちが将来再び起ち上がってもらう以外に、この日本を子孫に伝える方法はないと思う。そのためなら、自分はどうなっても構わない」（『日本国紀』）

有本　壮絶などという表現では軽すぎる、形容しがたい思いをもってポツダム宣言を受諾すると仰った。まさに「ご聖断」だったのですね。

百田　ここでこの言葉を仰ったことが本当にすごいのです。日本国最大の危機ですよ。二千年の歴史の中で最大の危機です。この時に、歴代天皇に引き継がれた大御心、それを表したお言葉を我々は聞けた。すごいことだと思いませんか。

有本　本当に。そして日本民族は滅亡の危機をすんでのところで免れました。

百田　これが昭和天皇まで一二四代続いた天皇の姿です。代々の天皇陛下の心の底には、この思いがあるのですよ。それまでの日本の歴史では、これほどの危機がなかったからお言葉を聞けなかっただけなのです。

有本　ちなみに、迫水元内閣書記官長が戦後にこの御前会議の様子を語ったテープは、国会図書館に残っています。

百田　はい。その詳細な文字起こしを読むと、御前会議の異様な緊迫感が臨場感をもって伝わってきます。

もちろん歴代天皇も人間ですから、いろんな方がいらっしゃいます。けれども、日本の皇位を継いだかぎりは、この国の安寧と永続を願う。それこそがご自分の使命であるというのを持っておられるわけです。それがこの時に言葉になり、我々は知ることができました。

有本　天皇の力、あるいはそれが扇の要《かなめ》のようになって民が一つになる力というのは、危急存亡のときに突如として現れてきます。これも百田さんが『日本国紀』に書かれたことですが、我々の先人は歴史上、何度も平和ボケします。でも、いよいよ本当に日本が危ないとなった時、天皇の持つ力が国民に以心伝心で広がる。そして国民が一致団結して、ものすごい力で国を支えるんですよね。

百田さんが先ほど指摘された幕末、そしてポツダム宣言受諾はその象徴的な出来事だったのだと思います。

ポツダム宣言受諾とマッカーサー

百田　八月一〇日の御前会議でポツダム宣言の受諾が決まり、日本は連合国軍側にそれを伝えました。日本はその時に「国体護持」を条件につけたのです。

有本　この時の国体とは、天皇を中心とした秩序のことですね。

百田　そうです。「国体護持」を条件につけたのは、言外には、天皇陛下の処刑はやめてくれということです。

でも、連合国から八月一二日に来た回答には、「国体護持」を保証する文言がなかった。つまりやはり天皇は処刑される可能性があるということなのです。そこで、一四日にもう一度、御前会議が開かれました。

この時は通常の御前会議のメンバー、いわゆる最高戦争指導会議の構成員だけでなく、それに加えて全閣僚を昭和天皇がお召しになりました。ですから出席者は二三人にもなり、椅子が三列に並べられたといいます。

会議では「国体護持」の保証が得られていないので、陛下を守れないなら「本土決戦やむなし」という空気が広がりました。

この時、天皇陛下が静かに立ち上がってこう仰ったんですね。

「私の意見は変わらない。私自身は如何になろうとも、国民の生命を助けたいと思う」(同前)

これでポツダム宣言の受諾が決まり、連合国側に通達して、実質的な戦争が終わったのです。すごい話ですよ。

有本　こうして日本は敗れ、連合国軍に占領されました。昭和天皇は九月二七日に、アメリカ大使館でダグラス・マッカーサー連合国軍最高司令官と会談されましたね。

百田　この時、マッカーサー元帥は昭和天皇を「通せ」と言ったのです。天皇陛下は国家元首ですよ。本来なら当然、玄関に出迎えるべきなのに、やらない。

有本　マッカーサー元帥といっても、一将軍ですからね。

百田　でも、これはマッカーサー元帥を非難するわけにはいきません。というのは、元首ではあるけれども戦犯容疑がかかっているわけですから、占領軍の司令官が出迎えるわけにはいかなかったのです。

有本　日本人である私たちの感覚では無礼だと思いますけれども。

百田　噂によるとこの時、マッカーサー元帥は執務室にいて、開襟シャツのボタンをさらにもう一つあけたという話もあります。また、わざとテーブルに足を投げ出していたという話もある。本当かどうかわかりませんが、それだけ舐めた態度を取ったということです。

マッカーサーは、こう思っていたのでしょう。

「ヒロヒトは命乞いするだろう」

有本　あるいは、「責任転嫁をするだろう」と思っていたのでしょう。

「責任はすべて私にある」

百田　第一次世界大戦で敗れたドイツ皇帝ヴィルヘルム二世がまさにそうでした。彼は終戦直前に莫大な財産を持ってオランダへ亡命しましたが、戦後は戦争責任は認めませんでした。

「わし、悪くないんや。戦争は全部わしの部下が勝手にやりよったんや。わし、関係あらへんのや」

有本　ドイツ皇帝がなぜか関西弁（笑）。しかし百田さんの関西弁だと妙にリアリティがありますね。

百田　マッカーサーは、それを知っていたわけ。

でもドイツ皇帝だけでなく、敗戦国の指導者とはそんなものです。自分だけは助かりたいと、みんな必死なんですよ。

有本　マッカーサーは当然、「ヒロヒトも」と思っていたのでしょうね。

百田　そこに昭和天皇がやって来たわけです。マッカーサー元帥の回顧録には、この時のことが非常に臨場感をもって書いてあります。天皇は非常に緊張していた、とね。

有本　煙草を勧めたら、少し指がふるえているのに気がついたと書いていますね。

百田　そう。そこで昭和天皇が何を仰ったか。

「責任はすべて私にある」

こう仰ったのです。そして次のように述べました。

〈「文武百官は、私の任命するところだから、彼らには責任がない。私の一身はどうなろうとも構わない。私はあなたにお委せする。この上は、どうか国民が生活に困らぬよう、連合国の援助をお願いしたい」〉（藤田尚徳『侍従長の回想』講談社学術文庫）

これを聞いたマッカーサーは大変な感銘を受けるのです。

回顧録（ダグラス・マッカーサー著、津島一夫訳『マッカーサー大戦回顧録』中公文庫）では「死をともなうほどの責任、それも私の知り尽くしている諸事実に照らして、明らかに天皇に帰すべきではない責任を引き受けようとする、この勇気に満ちた態度は、私の骨の髄までもゆり動かした」と書いていました。

そしてマッカーサーは「私の前にいる天皇が、個人の資格においても日本の最上の紳士であることを感じとった」（同前）と回想しています。

「これほどのジェントルマンがいたのか」と驚いたのです。この場合のジェントルマン、というのは単なる紳士というのではなく、高潔な人物という意味ですね。

そして、ジェントルマンに触れ、会談が終わった時にマッカーサー元帥はなんと、玄関に見送りに出たのです。

有本　最初は出迎えもしなかったのに。

百田　つまり、どれほど感銘を受けたか、ということなんです。

さらに昭和天皇は後日、自らの財産目録を差し出し、マッカーサーに「これを閣下に差し上げるから、日本国民を飢えから助けてほしい」と言ったのです。この言葉にもマッカーサーは感銘を受けたようです。

戦後、日本人はアメリカのララ物資（アメリカのアジア救済連盟によって供与された援助物資）をはじめとする援助で助かりました。昭和二〇年は未曾有の大飢饉で、餓死した人もいましたし、配給も満足にあったわけではありません。

それでも国民の多くがあの時を乗り切れたのは、やはりマッカーサー元帥が昭和天皇との約束を守ってくれたことにあると思います。

つまり、昭和天皇が戦後の国民を守ってくださったということです。

第4章

消された絆

昭和天皇、福井県御巡幸（昭和 22 年 10 月 25 日）

消された「御巡幸」

百田　終戦の翌年、昭和二一（一九四六）年から二九（一九五四）年にかけて、昭和天皇は精力的に御巡幸《ごじゅんこう》されました。全行程は三万三千キロです。昭和天皇は「国民を慰め励ましたいので、日本全国を回りたい」と仰ったのです。

ＧＨＱは、昭和天皇は各地で罵声を浴びせられ、石を投げられるとおそらく思っていたのですよ。

有本　ところが、敗戦直後であったにもかかわらず日本国民は天皇の御巡幸を心から歓迎しました。本書読者の方の中には、御巡幸の様子を映像でご覧になった方もいらっしゃると思いますが、怒涛の歓迎、怒涛の万歳です。

百田　ＧＨＱは驚いて恐怖を感じたようですね。一度、御巡幸を打ち切りにし、中断させました。それでも再開を望む声が多く、昭和二四（一九四九）年に復活します。

有本　腹立たしいことに、その御巡幸の感想や感動を記したものが厳しく検閲されていたのです。このことは高橋史朗麗澤大学大学院特任教授が、『検証・戦後教育　日本人も知らなかった戦後50年の原点』（財団法人モラロジー研究所）に書いておられます。

高橋教授は平成六（一九九四）年末に渡米し、占領下の検閲について調査されました。

すると、昭和天皇御巡幸の折、出迎えた国民が書いた文章が厳しい処分を受けていたことが分かったそうです。高橋教授の著書から引用します。

〈まず「天皇奉迎」と題する次のような和歌が「右翼的宣伝」であるという理由で削除を命じられている。

群衆の万歳いつまでもやまざれば　壇降りがてに帽しき振らす
まのあたりに天皇を拝す群衆の　どよみは空にひびきてやまず
目の前に天皇を仰ぎ敗戦を　いかに苦しくおぼしけむと　思ひしときに涙いでたり〉

百田　御巡幸をどんなに国民が喜んだか。天皇と共に国民がどんなに悲しんだかが分かりますね。

有本　重要なので、もう少し引用します。

〈次の文章も厳しい検閲処分を受けている。

「〝君が代〟を歌い始めると、今度は岩を噛《か》む怒涛《どとう》のように万歳万歳を連呼した。いつまでも続く。それに答えられる陛下は左に右に体を向け変えられ高々と帽子を掲げ続けられる。万歳はいつまでも続いて私はそこに偽《いつわ》る事を知らぬ国民と天皇との直結された姿を見た」

　この昭和天皇の地方御巡幸と切っても切れないのが「日の丸・君が代」である。「万歳と日の丸の旗の四日間」と題する次のような文章も、厳しい検閲処分を受けている。「君が代の大合唱、万歳のどよめき、日の丸の旗のちぎれるような乱舞、百六万県民（宮城県＝筆者注）の感情が期せずして唯一点に集中した感激の四日間。……突如、最前列の一女性がわーっと泣きだした。陛下の眼がきらりと光った。おえつが続く。われらの天皇に寄せる親愛感の最高頂だ。……

　祝祭日に国旗の掲揚されないことを識者は歎《なげ》いていた。日の丸は死んだと思っていた。ところが、今度の行幸《ぎょうこう》でみんなが眼を見張った。日の丸の旗一色に街も村も彩られた。……田舎にゆくほど手製が多かった。夜遅くまでコンパスを使い、あるいは御飯茶碗をふせて濃く淡く色をつけた日の丸がちぎれるように振られた。私たちはこの感激を日常の生活に生かさなければならない。陛下に心からお誓いした日本再建の決意を実践に移そう。陛下のお言葉が、お姿が、日の丸の旗が、私たちの心の中に生きている」〉（『検証・戦後教育　日本人も知らなかった戦後50年の原点』）

百田　すごい。天皇と国民の絆の強さが窺えますね。

有本　こういう文章が検閲され、私たちの目から遠ざけられたということに心底怒りを覚えます。これこそ、消された私たちの歴史、ですね。

教科書検閲の基準

百田　当然、教科書も検閲されましたね。

有本　はい。昭和二一（一九四六）年二月四日に「教科書検閲の基準」が連合国軍総司令部のＣＩＥ（民間情報教育局）によって決められて、次のものが削除されたのだと高橋教授は指摘しています。

〈①天皇に関する用語（現御神《あきつみかみ》、現人神《あらひとがみ》、上御一人《かみごいちにん》、天津日嗣《あまつひつぎ》、大君《おおきみ》など）、②国家的拡張に関する用語（八紘一宇《はっこういちう》、皇国の道、肇国《ちょうこく》の精神、天業恢弘《てんぎょうかいこう》など）、③愛国心につながる用語（国体、国家、国民的、わが国など）、④日本国の神話の起源や、楠木正成のような英雄および道義的人物としての皇族、⑤神道や祭祀《さいし》、神社に関する言及、等々〉（同前）

ちなみに、「八紘一宇」とは天下を一つの家のようにすること、「肇国の精神」は建国の精神、「天業恢弘」は高天原を地上に実現させ、広めること、です。

百田　これでは、教科書で天皇について語れないわけです。「国体」も右翼用語みたいに見られるのは、ここから来ているんでしょう。

有本　「わが国」もそうでしょうね。しかし「わが国」という世界のどの国の国民でも当たり前に使うものまで削除されたなんて……。戦後の文化人やメディアは「わが国」という言葉を極端に忌避し、「この国」と言いますが、その源流はここにあるのだということがわかります。

　朝日新聞が「70年目の首相」という連載を本にまとめた時のタイトルがまさに『この国を揺るがす男』（朝日新聞取材班著、筑摩書房、二〇一六年）でした。

百田　有本さんは『「日本国紀」の副読本』に、『日本国紀』は「この国の歴史」ではなく「私たちの歴史」なのだと書きましたね。

有本　はい。左派文化人やメディアはやたら、「この国」と言いたがります。占領が明けて七〇年近く経った今でも、かつての占領軍による検閲に従って、「わが国」つまり「私たちの国」という意味の言葉を排除しているのです。

百田　野党も「この国」と言いますね。

有本　ところが、意外にも民間の世界には「わが国」という表現が残っていたりします。企業が株主に示す事業報告というものがありますよね。一年間どのように事業をしてきたかを株主に報告するものですから、これは企業にとって最重要な書類です。この事業報告の冒頭は、ほとんどの会社がマクロの経済環境から入るのですが、その決まり文句は「わが国経済は」となります。「わが国の景気はこうなっている」「その中で弊社はこうしました」ということを書くのです。

百田 なるほど、当然ですね。

今はもうなくなりましたが、かつて民主党という政党がありました。民主党はサポーターに外国人が含まれていましたよね。そうすると、「わが国」とは言えない。

有本 言わないのではなく、実は言えなかったのでしょうね。

百田 民主党が一番ひどい時には、党の代表選の一票を外国人が持っていましたから。

有本 そう。サポーター制度。

百田 ということは、民主党が政権を取った時点で、日本の首相を決めるのに外国人の意思が反映されることになります。とんでもないことですよ。

有本 政権を取れば、民主党の代表選が事実上、首相を決める選挙ですからね。

百田 批判されて、さすがに民主党も政権を取ってからはルールを変えました。

『新教育指針』の恐ろしさ

有本　話を戻しますと、「教科書検閲の基準」が決められた少し後、昭和二一（一九四六）年五月に『新教育指針』という戦後教育の指針が発行されています。文部省が発行して、全国の学校に約三〇万部配布されたというものです。

百田　もちろん占領下ですから、ＧＨＱの指示の下、書かれたものですね。

有本　はい。そもそもの話ですが、昭和二〇（一九四五）年一〇月三〇日には、いわゆる「教職追放」の指令がＧＨＱから出ています。

その「教職追放令」には、たとえばこう書いてあります。

「日本の現在の教育関係者のうちで、軍国主義の考えや極端な国家主義の考えを持っていると一般から認められている者、日本占領の目的と政策に強く反対していると一般から認められている者は、すべて今すぐやめさせる。そして今後決して教育関係のどんな職にもつかせない」

では『新教育指針』とはどのようなものか。これも恐ろしいものですよ。

まず、第一章に「序論―日本の現状と国民の反省」があります。その「一」は「日本は今どんな状態にあるか」です。その最後には次のようなことが書かれています。

〈後に説明するやうな軍国主義や極端な国家主義が取り除かれて、戦争をひき起すおそれがなくなり、
国民が自ら自由に判断して最もよいと思ふ人々を選挙し、
その人々のうちから政府が組織せられ、
その政府が国民に対しても世界の国々に対しても責任をもつて、
ほんとうに平和を愛し、文化をたかめる方針で政治を行ふことになれば、
そのときに、れん合国軍は日本から引き上げ、日本は完全な独立国家として、世界の国々と平等につき合つてゆけるのである〉（『新教育指針』、編集注／旧字を新字に改めた）

百田　惨めやねえ。

有本　この文の前には、ポツダム宣言を受諾して占領下に置かれ、管理されているのだということが書かれています。占領下とはなんと惨めなことかと思います。

そして「一二」は「どうしてこのやうな状態になつたのか」ですが、もっとすごいですよ。「一二」に書かれている見出しを挙げていきます（『新教育指針』、編集注／旧字を新字に改めルビを振った）。

（一）日本はまだ十分に新しくなりきれず、旧《ふる》いものが残つてゐる。
（二）日本国民は人間性・人格・個性を十分に尊重しない。
（三）日本国民は、ひはん的精神にとぼしく権威にもう従しやすい。
（四）日本国民は合理的精神にとぼしく科学的水準が低い。
（五）日本国民はひとりよがりで、おほらかな態度が少い。

（『新教育指針』より抜粋）

教師を洗脳

百田　もう情けないくらいの自虐思想に満ち満ちていますね。

有本　紙幅の関係で中の文章をご紹介できないのですが、まるで今のリベラルと自認する人たちが言いそうなことが書いてあります。

ちなみに（一）の冒頭にはこう書いてあります。

〈一方では近代文化を取りいれて進歩した生活をしながら、他方には旧《ふる》くからの、封建的といはれるやうな生活がのこつてゐる〉（同前）

そして日本国民は外から来る文化を取り入れる力を持っているけれども、その根本の精神を取り入れていない、とか、精神は東洋人、中でも日本人の精神の方がすぐれているると思う人があったと、非難がましく書いてあります。

百田　「お前は間違っていたんだ」と徹底的に書いてあると。この洗脳は恐ろしい。

有本　はい。「三」は「これからどうしたらよいか」です。

ここには次のように書かれています。

〈罪を謝するといふことは、ただ後悔して引きさがつてしまつたり、れん合国軍からの要求を、受け身になつて、仕方なしに行ふといふやうな、消極的な態度ですまされるものではない。むしろ自ら進んで、積極的な態度をもつて、ポツダム宣言をはじめ、れん合国軍から発せられた多くの指令を実行し、それによつて新しい日本を建設することでなければならない〉（同前）

そして、新しい日本の建設が成るか成らないかは、教育者の責任だと言っても過言ではない、と檄《げき》を飛ばしています。

百田　これは教師が読むマニュアルみたいなものですよね。

個人的に趣味で読むんじゃないんですよ。これを読んで、実際に教師が教壇に立ったわけでしょう。徹底して日本が悪かったと洗脳された教師が、子供にそれを教え込むわけですから。本当に恐ろしい思想矯正ですよね。

有本　背筋が寒くなります。次の第二章は「軍国主義及び極端な国家主義の除去」、第三章は「人間性・人格・個性の尊重」と続きます。

百田　これ、全体を見ていくと、戦後の空気そのものですね。

有本　現代の文部科学省が出した『学制百年史』では『新教育指針』について次のように書かれています。

〈「新教育指針」は二部から成り、第一部は前後二編で、前編は理論を、後編は実際を述べている。前編は新日本建設の根本問題として、1）日本の現状と国民の反省、2）軍国主義および極端な国家主義の除去、3）人間性、人格、個性の尊重、4）科学的水準および哲学的・宗教的教養の向上、5）民主主義の徹底、6）平和的文化国家の建設と教育者の使命の六章から成り、後編は新日本教育の重点として、1）個性尊重の教育、2）公民教育の振興、3）女子教育の向上、4）科学的教養の普及、5）体力の増進、6）芸能文化の振興、7）勤労教育の革新の七章から構成されている。（中略）

全体を貫く基本理念は、個性の完成、人間尊重の教育理念であって、「新教育指針」も米国教育使節団報告書も同一思想の上に立っている。「新教育指針」は戦後の新教育のあり方について模索していた当時の教育界に対して文字どおり新教育の指針として大きな役割を果たすとともに、二十二年から発足する新学制による教育の準備はこのようにして実質的に進められたのである〉（編集注／読みやすいよう改行を入れた）

百田　無邪気に書いていますが、中を読んだら、徹底的な思想矯正ですよ。

有本　一種の革命思想への矯正のようにも読み取れます。ところが、今の文部科学省は『学制百二十年史』でさらにこう誉めています。

〈教師たちへの最初の手引書として「新教育指針」を配付した。これは日本側で編集した最初の体系的な民主教育の手引書として、当時の教員たちへの指針となった〉

とんでもない。頭が痛くなります。

これらとセットで、昭和二〇（一九四五）年一二月一五日にはいわゆる「神道指令」が、同年一二月三一日には「修身科・国史科・地理科の中止についての指令」が出されています。

百田　「神道指令」は、政府や自治体、公教育の神道への関わりを禁止し、神道、神社への財政援助などを禁じたものですね。祭式、信仰、教え、神話、伝説、哲学、物的象徴など、あらゆる分野が対象になっています。

「人間宣言」という嘘

有本　それだけ神道を恐れていたということなのでしょう。

昭和二一（一九四六）年一月一日には昭和天皇の「人間宣言」と呼ばれるものが出されました。

ただし、「人間宣言」は造語なのですよね。

百田　実際は「新日本建設に関する詔書」です。

昭和天皇は後に、この詔書発布の一番の目的は「五箇条の御誓文」を掲げることだったと仰っています。それによって、日本の民主主義は決して外国からの輸入品ではないことを示したのだ、日本の国民が誇りを忘れないように宣言を考えたのだと仰った。そして、神格とかそういうことは二の次の問題だと、「人間宣言」と言われることへの違和感を語られています。

有本　ところが、昭和天皇のお言葉は消され、「人間宣言」という造語のみが一人歩きしています。このとんでもないミスリードを正すために、長いですが、「新日本建設に関する詔書」をここに挙げておきます（編集注／新字新仮名に改め、ルビを振った）。

〈詔書

茲《ここ》に新年を迎う。顧《かえり》みれば明治天皇明治の初《はじめ》国是として五箇条の御誓文を下し給えり。曰く、

一、広く会議を興《おこ》し万機公論に決すべし

一、上下心を一にして盛に経綸《けいりん》（国家を治めること）を行うべし

一、官武一途庶民に至る迄《まで》各其志を遂げ人心をして倦《う》まざらしめんことを要す

一、旧来の陋習《ろうしゅう》（悪い習慣）を破り天地の公道に基くべし

一、智識を世界に求め大に皇基《こうき》を振起すべし

叡旨《えいし》（天皇のお考え）公明正大、又《また》何をか加えん。朕《ちん》は茲《ここ》に誓《ちかい》を新《あらた》にして国運を開かんと欲《ほっ》す。須《すべか》らく此《こ》の御趣旨に則《のっと》り、旧来の陋習を去り、民意を暢達《ちょうたつ》し、官民挙げて平和主義に徹し、教養豊かに文化を築き、以《もっ》て民生の向上を図り、新日本を建設すべし。

大小都市の蒙《こうむ》りたる戦禍、罹災者《りさいしゃ》の艱苦《かんく》、産業の停頓《ていとん》、食糧の不足、失業者増加の趨勢《すうせい》等は真に心を痛ましむるものあり。然《しか》りと雖《いえど》も、我国民《わがこくみん》が現在の試煉《しれん》に直面し、

且《かつ》徹頭徹尾《てつとうてつび》文明を平和に求むるの決意固く、克《よ》く其《そ》の結束を全《まっと》うせば、独《ひと》り我国のみならず全人類の為《ため》に、輝かしき前途の展開せらるることを疑わず。

夫《そ》れ家を愛する心と国を愛する心とは我国に於《おい》て特に熱烈なるを見る。今や実に此《こ》の心を拡充し、人類愛の完成に向い、献身的努力を効《いた》すべきの秋《とき》なり。

惟《おも》うに長きに亘《わた》れる戦争の敗北に終《おわ》りたる結果、我国民は動《やや》もすれば焦躁《しょうそう》に流れ、失意の淵に沈淪《ちんりん》せんとするの傾きあり。詭激《きげき》（言行が過激なこと）の風漸《ようや》く長じて道義の念頗《すこぶ》る衰え、為《ため》に思想混乱の兆《きざし》あるは洵《まこと》に深憂《しんゆう》に堪《た》えず。

然《しか》れども朕は爾《なんじ》等国民と共に在り、常に利害を同じうし休戚《きゅうせき》（喜びと悲しみ）を分《わか》たんと欲す。朕と爾等《なんじら》国民との間の紐帯《ちゅうたい》（絆）は、終始相互の信頼と敬愛とに依《よ》りて結ばれ、単なる神話と伝説とに依りて生ぜるものに非《あら》ず。天皇を以《もっ》て現御神《あきつみかみ》とし、且《かつ》日本国民を以《もっ》て他の民族に優越せる民族にして、延《ひい》て世界を支配すべき運命を有すとの架空なる観念に基くものにも非《あら》ず。

朕の政府は国民の試煉と苦難とを緩和せんが為《ため》、あらゆる施策と経営とに万全の方《ほう》途《と》を講ずべし。同時に朕は我国民が時艱《じかん》（その時代の当面している難問）に蹶起《けっき》し、当面の困苦克服の為《ため》に、又《また》産業及《および》文運振興の為《ため》に勇往《ゆうおう》せんことを希念《きねん》す。我国民が其《そ》の公民生活に於《おい》て団結し、相倚《あいよ》り相扶《あいたす》け、寛容相許《あいゆる》すの気風を作興《さっこう》するに於《おい》ては、能《よ》く我至高の伝統に恥じざる真価を発揮するに至らん。斯《かく》の如《ごと》きは実に我国民が人類の福祉と向上との為《ため》、絶大なる貢献を為《な》す所以《ゆえん》なるを疑《うたが》わざるなり。

一年の計は年頭に在《あ》り、朕は朕の信頼する国民が朕と其《そ》の心を一にして、自《みずか》らを奮《ふる》い自ら励まし、以《もっ》て此《こ》の大業を成就せんことを庶幾《こいねが》う。

御名　御璽

昭和二十一年一月一日〉

百田　冒頭に「五箇条の御誓文」を挿入されたお気持ちを思うと涙が出るね。

有本　本当に。昭和天皇の大御心が伝わります。

百田　これを「人間宣言」などと言うのは、大嘘ですね。

「輪前」と「輪後」

有本　真っ黒なプロパガンダですよ。しかし面白いことに、私が子供の頃の周囲の大人たち、祖父母や近所のおじさん、おばさんらは、天皇陛下の「人間宣言」などということを信じている人はほとんどいませんでした。はなから「人間ではない」「現人神」などと思っていなかったからです。私は昭和三七（一九六二）年生まれですが、私の世代は親がだいたい戦前生まれです。

余談ですが、一時期、「輪前」と「輪後」という言葉がありました。世代区分ですが、「輪前」というのは昔の東京オリンピック前に生まれた人たちで、「輪後」はオリンピックの後です。「輪後」世代は「親が戦後生まれ」の目安になります。この区分では、昭和三一年生まれの百田さんと、三七年生まれの私は「戦後輪前」の同世代となります。

百田　なるほど。東京オリンピックは昭和三九（一九六四）年に開催されましたからね。「輪後」に、たとえば昭和四〇年に生まれた人がいたとする。当時、二〇歳の親がその人を産んだとすると、親は昭和二〇年生まれとなりますね。

有本　はい。「輪前」は「親が戦前、戦中生まれ」という目安になります。

私は「輪前」ですが、父は大東亜戦争が始まった時には中学生で戦争に行ってはいません。母は小学生の間、ずっと戦争中で、終戦の時に小学校が終わるという世代です。

戦後、新制の教育を改めて受けているんですが、でも子供の時の教育がしっかり入っている。いわゆる「教育勅語」の世代なんですね。洋画やジャズ、コーヒーが好きな、すごくモダンなライフスタイルの両親でしたが、基本は「教育勅語」です。

そのせいもあってか、私は幼い頃、「教育勅語」を暗記しました。子供の時は脳が柔らかいから暗記させると何でも次々覚えますよね。親は面白いからいろんなことを暗記させていたんです。そのうちの一つが「教育勅語」。

百田 有本さん、記憶力いいもんね。

有本 百田さんほどじゃないですが（笑）。

両親がなぜ「教育勅語」を暗記させたのかはわかりません。おそらく特別な理由や思想性はなく、自分たちが「教育勅語」を暗記していたから、「これ、ちょっと言ってごらん」という感じで口伝えしたのでしょう。後にそれが、戦後タブーとされてきた「教育勅語」だと分かったわけですが。

私は伊豆の田舎で育ちましたから、古い家には、ごく当たり前に昭和天皇と皇后両陛下の御真影がありました。昭和四〇年代はまだそれが当たり前の風景だったんです。だから「人間宣言」という政治宣伝など通用しなかったのです。日本の庶民はそれほどアホじゃなかった。御巡幸を歓び、戦前・戦後と分断されることなく、天皇との絆を大切にしてきていたのですね。それが私の世代ぐらいからどんどん変わっていくのですが。

教育勅語悪玉論

有本　「教育勅語」は明治二三（一八九〇）年一〇月三〇日に発布されています。その前年、明治二二（一八八九）年二月一一日には大日本帝国憲法が公布されました。

百田　「教育勅語」と言えば、文科大臣が就任すると「教育勅語についてどう思うか」なんていう質問で記者が引っかけようとしますね。平成三〇（二〇一八）年一〇月にも柴山昌彦前文科大臣の就任会見で、次のような記者とのやり取りがありました。

記者　教育勅語について、過去の文科大臣は、中身はまっとうなことが書かれているといった発言をしていますが、大臣も同様の考えでしょうか。

柴山大臣　教育勅語については、それが現代風に解釈をされたり、あるいはアレンジした形で、道徳などに使うことができる分野が十分にあるという意味では、普遍性を持っている部分が見て取れるのではないかと思います。
記者　それはどの辺が、十分に使えると考えていますか。
柴山大臣　同胞を大切にするとか、あるいは国際的な協調を重んじるとか、そういった基本的な記載内容について、現代的にアレンジをして教えていこうということも検討する動きがあるように聞いています。そういったことは検討に値するのかなというようにも考えています。

完全に失言狙いなんですよ。

有本　柴山大臣は慎重に答えられましたが、朝日・毎日などのメディアと野党は相変わらずの教育勅語悪玉論で大騒ぎをしました。産経新聞が次のように報じています。

〈野党は「認識違いも甚だしい」（立憲民主党の辻元清美国対委員長）、「教育をつかさどる大臣の発言として軽率だ」（国民民主党の玉木雄一郎代表）などと反発。全国紙も取り上げるようになり、社説で「柴山文科相の見識疑う」（5日付の朝日新聞）、「早くも時代錯誤の登場だ」（同日付の毎日新聞）と批判した〉（産経新聞二〇一八年一〇月一九日）

当たり前の内容

有本　柴山さんよりもむしろ朝日新聞の見識を疑いたいところですが、この「教育勅語」ができた流れも、意外と知られていないと思います。

ざっくり言うと、明治になって文部省は欧化政策をすすめ、世の中は一気に「欧化」したのですが、これを心配した人たちがいたんですね。このままでは日本的徳育が失われると心配したのです。そのような動きで、明治二三（一八九〇）年に地方長官会議が内閣に対して、徳育原則の確立を迫る建議を行ったのです。

これが教育勅語が発布される発端です。上から押し付けたわけじゃないんですよ。

百田　なるほど。「軍国主義」ではないわけね。

有本　日本という国は実は、昔も今もトップダウンということの少ない国ですよね。ほとんどのことが下からの上程。寺子屋だって、幕府がおふれを出して作らせたわけではない。ボトムアップというか民間や地方からの自然発生的なものです。それが明治に引き継がれていっています。ほかにも、よく左派の人たちが言う「戦時中に女性がオシャレを禁止された」というようなこともほとんど民間での自主規制。ついでに言うと、今でも左派が言い募る「すべて日本が悪かった」という定番言論も、戦後の占領政策が終わった後七〇年近くも、民間で自主的に固く守り続けた結果です。そういう意味では、彼、彼女らは非常に保守的であり、日本人的なんですね。

その〝占領思想保守〟中で捻じ曲げられた最も顕著な一例が、「教育勅語」です。

百田　「教育勅語」に書かれている内容は素晴らしいよね。

有本　「教育勅語（教育ニ関スル勅語）」を引いておきましょう（編集注／新字新仮名に改め、ふりがな、改行、句読点を入れた）。

〈勅語

朕惟《ちんおも》うに、我《わ》が皇祖皇宗《こうそこうそう》、国《くに》を肇《はじ》むること宏遠《こうえん》に、徳《とく》を樹《た》つること深厚《しんこう》なり。

我《わ》が臣民《しんみん》克《よ》く忠《ちゅう》に克《よ》く孝《こう》に、億兆心《おくちょうこころ》を一《いつ》にして、世々厥《よよそ》の美《び》を済《な》せるは、此《こ》れ我《わ》が国体《こくたい》の精華《せいか》にして教育《きょういく》の淵源《えんげん》亦《また》実《じつ》に此《ここ》に存《そん》す。

爾臣民《なんじしんみん》父母《ふぼ》に孝《こう》に、兄弟《けいてい》に友《ゆう》に夫婦相和《ふうふあいわ》し、朋友相信《ほうゆうあいしん》じ、恭倹己《きょうけんおの》れを持《じ》し、博愛《はくあい》衆《しゅう》に及《およ》ぼし、学《がく》を修《おさ》め、業《ぎょう》を習《なら》い、以《もっ》て智能《ちのう》を啓発《けいはつ》し、徳器《とくき》を成就《じょうじゅ》し、進《すすん》で公益《こうえき》を広《ひろ》め、世務《せいむ》を開《ひら》き、常《つね》に国憲《こくけん》を重《おも》んじ、国法《こくほう》に遵《したが》い、一旦緩急《いったんかんきゅう》あれば義勇公《ぎゆうこう》に奉《ほう》じ、以《もっ》て天壌無窮《てんじょうむきゅう》の皇運《こううん》を扶翼《ふよく》すべし。

是《かく》の如《ごと》きは、独《ひと》り朕《ちん》が忠良《ちゅうりょう》の臣民《しんみん》たるのみならず、又以《またもっ》て爾祖先《なんじそせん》の遺風《いふう》を顕彰《けんしょう》するに足《た》らん。

斯《こ》の道《みち》は、実《じつ》に我《わ》が皇祖皇宗《こうそこうそう》の遺訓《いくん》にして、子孫臣民《しそんしんみん》の倶《とも》に遵守《じゅんしゅ》すべき所《ところ》、之《これ》を古今《ここん》に通《つう》じて謬《あやま》らず、之《これ》を中外《ちゅうがい》に施《ほどこ》して悖《もと》らず、朕爾臣民《ちんなんじしんみん》と倶《とも》に拳々服膺《けんけんふくよう》して咸《みな》其徳《そのとく》を一《いつ》にせんことを庶幾《こいねが》う。

明治二十三年十月三十日

御名御璽〉

百田　これは人として生きる時に当たり前のことが書かれています。

政治と区別した勅語

有本　この「教育勅語」が発布されるまでの経緯は先ほど触れましたが、文部科学省の『学制百年史』にもこう書かれています。

〈（明治）十五年以後になると、条約改正問題を控えて欧化主義思想が国内を支配し、従来の徳育の方針と激しい対立を示すようになった。そして徳育の方針に関し、論者は互いに自説を立てて論争し、いわゆる「徳育の混乱」と称せられる状況を現出した〉

こういう状況があって、地方長官会議が徳育の根本方針を確立し、全国に示してほしいという趣旨の建議を内閣に提出します。

〈建議は閣議においても取り上げられて論議され、明治天皇の上聞に達した。芳川文相が後に述べているところによれば、明治天皇は榎本文相に対し、徳育の基礎となる箴言（しんげん）の編纂（さん）を命ぜられたとのことである〉（共に文部科学省『学制百年史』）

「教育勅語」は、当初、啓蒙思想家の中村正直《なかむらまさなお》に草案を委託したのですが、その後、当時、法制局長官だった井上毅《こわし》の起草した原案を中心にし、当時、枢密顧問官だった元《もと》田永孚《だながざね》が協力して最終案文が成立しました。

この時、井上毅は非常に真っ当なことを言っています。

井上は、「教育勅語」を君主の個人的な著作物という扱いにすべきだと言ったのです。ここ極めて重要です。立憲主義においては、君主は臣民の良心や自由に干渉しないのが建前だから、教育の方向を示すのなら、政治上の命令と区分して、君主の著作としなければならない、政治上の他の勅語と同一に扱ってはならない、と言っているのです。

百田　明治の人はいろいろ苦労して考えたんやね。

有本　はい。私は、明治の人たちがこれほどまでに原理原則、とくに立憲主義の原理原則に忠実であらんとしたことを知って、涙が出る思いがします。当時の日本人、私たちの先人は、なんと真面目で、法の支配や立憲主義を深く理解し、尊重しようとしたのか。良い意味でなんと進歩的で民主的な人たちだったのかと。

ところが、今や辞書には「教育勅語」についてとんでもないことが書いてあります（それぞれ一部抜粋）。

〈天皇制国家の思想、教育の基本理念を示した勅語〉（『日本大百科全書』）

〈明治天皇の名のもとに、明治23年（1890）10月30日に発せられた「教育ニ関スル勅語」〉（『デジタル大辞泉』）

〈「親孝行」などの「道徳」を尊重するような意見を、天皇が国民に語りかけるという形式が取られることで、天皇制を軸とする戦前の体制を隅々にまで浸透させ、軍国主義を支えることになった〉（『イミダス2018』）

〈2017年2月、学校法人森友学園が大阪府豊中市で開設準備を進める小学校用地として、国有地が極端な低価格で売却されていた問題がきっかけとなり、同学園が大阪市で運営している幼稚園で園児に教育勅語を素読・暗唱させていたことが発覚、注目が集まった。（中略）その後、安倍内閣の複数の閣僚から教育勅語を積極的に肯定する発言が相次ぎ、3月31日には「憲法や教育基本法に反しない形」で教材としての使用を認める答弁書が閣議決定された。

しかし、このような文科省や政府による答弁、決定は、戦前の天皇制国家の下での教育の基本方針であった教育勅語を、戦後教育改革によって否定・排除した歴史的経緯をないがしろにするものである。「憲法や教育基本法に反しない形」とはどのような形であるのか具体的説明がないままに学校での教材使用に道を開くことになり、野党の一部からだけでなく、憲法学者や教育学者からも疑問の声があがった〉（『現代用語の基礎知識 2019』）

まったく酷い記述ですよね。私に言わせれば、これこそ「歴史修正主義」ですよ。こうやって、先人のご苦労をすべて無にする人たちに、本当に腹が立ちます。

百田 「教育勅語」が「軍国主義」の大本というような書きっぷりですね。

有本 森友学園の件が取り沙汰された時に、子供たちが「教育勅語」を暗唱する姿が連日テレビで大きく放映され、「とんでもない教育」だと批判されました。「教育勅語」

自体が悪いわけではないでしょうに。ただしこれは批判というよりも、教育勅語に何が書かれているかもロクに知らないコメンテーターたちが、自身の無知を棚に上げてワアワア言っていただけなのですが。

教育勅語を曲解する人

百田　でもＧＨＱは「教育勅語」には実は非常に気を遣っていたんですよ。当初、ＧＨＱは勅語自体は悪くないと考え、しかも直接これを禁止する命令を下せば天皇への侮辱につながると考えた。ですから「神道指令」で「教育勅語」は廃止されていません。

有本　ＧＨＱは「教育勅語」自体よりも、これが利用されることを恐れたようですね。先の高橋史朗教授の著書によれば、ＧＨＱは国会での「教育勅語」の廃止決議をするよう口頭命令したということです。それに従い、実際に昭和二三（一九四八）年六月、「教育勅語」は衆議院で排除、参議院で失効確認の決議が行われました。

百田　今では「教育勅語」を曲解する人までいます。

有本　はい。記憶に新しいと思いますが、平成二九（二〇一七）年に高橋源一郎さんが教育勅語の「現代語訳」をツイッターに流したことがあります。高橋さんの教育勅語の「現代語訳」は、①から⑧まであるのですが、こんな具合に始まります。
〈教育勅語①「はい、天皇です。よろしく。ぼくがふだん考えていることをいまから言うのでしっかり聞いてください。もともとこの国は、ぼくたち天皇家の祖先が作ったものなんです。知ってました？　とにかく、ぼくたちの祖先は代々、みんな実に立派で素晴らしい徳の持ち主ばかりでしたね」〉

百田　いきなりすごい訳ですね。よくこんなにイヤらしい文章を書けますね。

有本　その後も唖然とする訳が続くわけですが、驚くのは⑥です。
〈教育勅語⑥「というか、永遠に続くぼくたち天皇家を護るために戦争に行ってください。それが正義であり「人としての正しい道」なんです。そのことは、きみたちが、ただ単にぼくの忠実な臣下であることを証明するだけでなく、きみたちの祖先が同じように忠誠を誓っていたことを讃えることにもなるんです〉（以上、高橋源一郎氏ツイッター二〇一七年三月一五日、原文ママ）

百田　もはや妄想翻訳の類ですね。

有本　先ほど話した「人間宣言」ともリンクしていますね。〝戦前、日本人は、「天皇は現人神だ」というふうに洗脳された〟という前提に立っています。「現人神」だから信奉せねばならないと言ったのが「教育勅語」だという誤ったストーリーでしょう。でも先ほど述べたように、一般の日本人の多くは「現人神」も、それを否定した「人間宣言」も信じていたわけではありませんでしたし、政府はむしろ立憲主義を重んじたからこそ特別な形の勅語にしたのです。

しかし高橋源一郎さんのような方を、戦後に生んでしまった遠因となったのは、やはり教育なのでしょう。ＧＨＱの教育への介入ですね。先ほど見たようなＧＨＱによる徹底した洗脳を受けた人たちによって戦後の教育がなされたわけですから。

上皇陛下のお言葉

百田　漫画『はだしのゲン』（汐文社）を読むと、主人公は天皇陛下を馬鹿にする言葉をしょっちゅう言うんですよ。たとえば、「朕はタラフク食ってるぞ　ナンジ人民飢えて死ね」のような、天皇を貶める発言をします。これは戦後に共産主義者らがしきりに言った戯《ざ》れ歌です。

この漫画の主人公のゲンは、実は戦後教育のたまものなんですよ。ゲンは戦前生まれですが、原爆が落とされた時に国民学校の二年生ですからね。

有本　「朕はタラフク～」は、昭和二一（一九四六）年に「食糧メーデー」のデモ隊のプラカードに書かれたものですね。「詔書　国体はゴジされたぞ　朕はタラフク食ってるぞ　ナンジ人民飢えて死ね　ギョメイギョジ」と書いて共産党員が中心になってデモを行ったということです。五月一九日に皇居前広場で行われた「飯米獲得人民大会」、いわゆる「食糧メーデー」には食糧不足で二五万人が参加して人民民主政府樹立を要求したとか。

百田　デモの途中に参加者代表の徳田球一らは皇居に入って天皇陛下に面会を求めました。

有本　どうしようもないですね。徳田球一は、日本共産党の創立者の一人です。

しかしもっとどうしようもないのは、翌日にマッカーサーが「暴民デモ許さず」という声明を出したら運動が鎮静化したということ。結局、彼らはデモ隊のふりをした占領軍の幇間《ほうかん》にすぎなかったわけですね。

百田　でもこの戯れ歌を皆、口にしていたんです。

有本　情けない話ですね。しかし一方で、この章の冒頭で述べたように、昭和天皇の御巡幸に日本人は励まされました。

百田　日本は戦後、信じられないような復興を遂げましたが、やはりその復興の力の何割かは天皇陛下の御巡幸にあったのではと思います。

有本　その記憶が検閲と馬鹿げた自主規制で消されても、六〇年以上後に私たちはまた同じ体験をして天皇陛下のお力を実感しました。東日本大震災後のことです。

百田　上皇陛下はあの時、何度も被災地に行かれて、被災者を勇気づけられました。平成二三（二〇一一）年三月一六日に陛下によるビデオメッセージが出されましたが、これもまた大御心を知る機会となりました。次に挙げておきます。

〈この度の東北地方太平洋沖地震は、マグニチュード９・０という例を見ない規模の巨大地震であり、被災地の悲惨な状況に深く心を痛めています。地震や津波による死者の数は日を追って増加し、犠牲者が何人になるのかも分かりません。一人でも多くの人の無事が確認されることを願っています。また、現在、原子力発電所の状況が予断を許さぬものであることを深く案じ、関係者の尽力により事態の更なる悪化が回避されることを切に願っています。

現在、国を挙げての救援活動が進められていますが、厳しい寒さの中で、多くの人々が、食糧、飲料水、燃料などの不足により、極めて苦しい避難生活を余儀なくされています。その速やかな救済のために全力を挙げることにより、被災者の状況が少しでも好転し、人々の復興への希望につながっていくことを心から願わずにはいられません。そして、何にも増して、この大災害を生き抜き、被災者としての自らを励ましつつ、これからの日々を生きようとしている人々の雄々しさに深く胸を打たれています。

自衛隊、警察、消防、海上保安庁を始めとする国や地方自治体の人々、諸外国から救援のために来日した人々、国内の様々な救援組織に属する人々が、余震の続く危険な状況の中で、日夜救援活動を進めている努力に感謝し、その労を深くねぎらいたく思います。

今回、世界各国の元首から相次いでお見舞いの電報が届き、その多くに各国国民の気持ちが被災者と共にあるとの言葉が添えられていました。これを被災地の人々にお伝えします。

海外においては、この深い悲しみの中で、日本人が、取り乱すことなく助け合い、秩序ある対応を示していることに触れた論調も多いと聞いています。これからも皆が相携え、いたわり合って、この不幸な時期を乗り越えることを衷心より願っています。

被災者のこれからの苦難の日々を、私たち皆が、様々な形で少しでも多く分かち合っていくことが大切であろうと思います。被災した人々が決して希望を捨てることなく、身体《からだ》を大切に明日からの日々を生き抜いてくれるよう、また、国民一人びとりが、被災した各地域の上にこれからも長く心を寄せ、被災者と共にそれぞれの地域の復興の道のりを見守り続けていくことを心より願っています。〉（「東北地方太平洋沖地震に関する天皇陛下のおことば」平成二三年三月一六日、宮内庁ＨＰ）

あの時また、天皇陛下こそが、日本の安寧と平和を祈る唯一無二の存在だと、日本国民みんなが実感したのです。

有本　この陛下のメッセージを拝聴したとき、僭越ながら私がひときわ強い印象を抱いたのは、救援組織で働く人たちに謝辞を述べられ、励まされたくだりです。ここで陛下は真っ先に「自衛隊」の名を挙げておられます。

これは、長らく不当に「日陰者」扱いされてきた自衛隊に対する陛下の思いが表された、貴重なくだりだったかと思うのです。「陛下が、我々の苦労をわかってくださっていたのだ、とひときわ励まされた」と自衛隊の元幹部が言うのを聞いたことがあります。

第5章

天皇を教えない教科書

昭和天皇、埼玉県御巡幸（昭和 21 年3月 28 日）。熊谷中学校生徒三千人の万歳にこたえられる天皇陛下

あんたたち、日本人じゃないよ

有本　戦後の占領期、つまり天皇の権威を否定された時期を経験した人と経験していない人には、その後の認識にやはり違いがあります。それを大人になって台湾に行った時に実感しました。

台湾のお年寄りは、戦前は日本人としての教育を受けました。でも日本の敗戦によって台湾は日本から切り離されたので、彼らはＧＨＱの占領政策の影響を受けていないのです。

日本の敗戦後、台湾には大陸から国民党が入ってきて、台湾人は一九四七年に起きた「二・二八事件」をはじめとする弾圧、虐殺を経験したため、日本時代への懐古の思いが強くなったとも言えますが、しかし台湾人は日本時代に受けた教育を「占領」によって否定されずに自身の中に持ってきた方々なのですね。

一九八〇年代に初めて台湾に行った時、そんな台湾のお年寄りとの会話の中で、「新《にい》高山《たかやま》を知っているか」と聞かれたのです。

百田　「ニイタカヤマノボレ」やね。

「ニイタカヤマノボレ一二〇八」は日本が大東亜戦争で真珠湾攻撃をする時に大本営

が発信した電文。一二月八日に戦闘（真珠湾攻撃）を開始せよという意味の暗号文です。ちなみに「トラ・トラ・トラ」は「ワレ奇襲ニ成功セリ」という暗号で、これも真珠湾攻撃で打電されました。

新高山というのは戦前は日本で一番高い山ですよ。富士山よりも高い。

有本　さすが百田さん。博識ですね。でも、いきなり台湾でそう聞かれた時、私は小賢しくも、こう言ったのです。

「あれは台湾では玉山《ぎょくざん》って言うんじゃないですか？」

そちら様の名前に合わせてみました、という体《てい》で「地球市民」的に答えました（笑）。するとその台湾人のお年寄りは「あんたね、日本から来た子でしょ。そんなこと言わなくていいんだよ。あれは新高山だよ」と仰るわけです。

当時の台湾人の中にはそういう感覚が色濃くありました。

百田　なるほど、台湾人のお年寄りにとっては「新高山」でもあるんですね。

有本　はい。そういう台湾人のお年寄りにとって天皇陛下はいかなる存在か。

ある時、仕事で中国に行き、福建省で列車に乗った時に、台湾人のお年寄りと話して、それを知りました。

当時、中国はまだ列車移動がメインで、私たち外国人はコンパートメント（個室）で移動するよう決められていました。私は中国人の通訳と二人で個室にいたのですが、近くに身なりの立派な年配の台湾の方々が、いくつも個室を借り切っていました。

列車が動き出すと、そのお一人のご婦人が私を呼びに来て、「お嬢さん、そんなところで中国人と二人でいてもつまんないだろう。こっちへ来なさい」と流暢な日本語でいうのです。

百田　昔の日本のお年寄りみたいやね。

有本　はい。そこで彼女の個室へ遊びに行って話し始めたら、こう言われたのです。「日本人は最近、美智子さんをいじめているでしょう。嘆かわしい」

当時、美智子皇后陛下（現上皇后）バッシングが週刊誌を中心にあったからです。台湾人のおじさん、おばさんたちは、「こんなことを日本人がやるなんて信じられない」と口を揃えました。美智子さんがああだこうだと週刊誌が書いているらしいけど、そんなの全部嘘だと思っている。そんなことを週刊誌に話すような女官がもし、いるのだとしたら、叩き出せばいいだけのことなんだ、と。

そして「天皇皇后両陛下に対しての気持ちを失ったら、あんたたちは日本人じゃないでしょう」と説教を受けたのですよ。

百田　うーん……考えさせられますね。

有本　私は当時の若い世代の中では尊皇心が強いほうだったとは思うのですが、それでも「えっ？　この人たち何？」という感じを受けました。私の両親や祖父母ともちょっと違う。当時、祖父母があの台湾人のお年寄りと同じようなことを言ったかと考えると、そうではない。皇室に対して敬意を持ち続けていた日本人でも、戦後の占領時代を経て、その後の日本の空気の中で慣れてしまったためか、あの台湾の方々と同じ感覚ではモノを言わない、そうストレートには言えないのですよね。あの台湾人のおじさん、おばさんたちと同じようなトーンでモノを言えば、「右翼」扱いされてしまう空気があったからでしょう。

でも、占領政策の風に当たっていない台湾の方々から見れば「国民による皇后陛下いじめなどとんでもない」のです。そう私を叱った。

かつての日本ではこれが当たり前の感覚だったのだな、と実感させられました。これは天皇陛下や皇族に関して一切モノが言えないというようなことではありません。敢えて硬い言い方をすれば、天皇、皇室の尊厳、権威を穢す行為は自傷行為に等しい、それを分かっているか、という日本人のアイデンティティの問題を突きつけられたのだと思います。

台湾というパラレルワールド

百田　今の話は、非常に重要ですね。有本さんの話を聞いて、私はパラレルワールドの日本を見たような気がします。

有本　歴史の「ｉｆ」ですね。

百田　うん。戦後、日本が占領されていなければ、あるいはＧＨＱのウォー・ギルト・インフォメーション・プログラム（ＷＧＩＰ＝戦争への罪悪感を日本人の心に植えつけるＧＨＱの宣伝計画）や、洗脳教育を受けなければ、というのはあくまで仮定の話です。歴史に「ｉｆ」はない、とよく言うけれども、でも、その仮定の話が、実は、台湾を見れば分かるのですね。

有本　はい。実際に見られたのです。

百田　台湾は、教科書の検閲もなければ、天皇陛下を貶める占領政策もなかった。つまり日本の戦後がＧＨＱの占領政策に乗っ取られなかった場合の姿が、そのままそこにあったということです。つまり台湾は、ＷＧＩＰを施されなかった「日本のパラレルワールド」とも言えるのです。

有本　そうですね。敢えて付け足しますと、国民党が入って来たので台湾の教科書はもちろん、中国の教科書に替えられ、反日教育はされていました。でも台湾の人たちは、はなからそんなものは「偽物」だと分かっていたのでしょう。台湾には戦前から普通にあった水道を見て腰を浮かすほどびっくりした国民党の兵士のことを、「あいつら未開人だ」と嗤ったというお年寄りもいましたし、なんといっても、巷ではそういう「未開人」に台湾人が虐殺されていたわけですからね。そんな連中が持ち込んだ教育を丸ごと「真実だ」などと誰も信じない。面従腹背だったのでしょう。

だから日本時代に受けた教育、日本的価値観は、そのまま彼らの中に保存された。八〇年代、九〇年代に台湾人と接した時に「そうなのか！」と目からウロコが落ちる思いがしましたね。

百田　それを聞くだけで、戦後の日本における思想改造がいかにすごかったか、というのが分かりますね。

有本　はい。メディアが作り出した空気もありますね。台湾のお年寄りのようなことを日本で言ったら、「あんた右翼」とラベルを貼られ、疎んじられてしまう。でも台湾の方々が仰ったことが、本来の日本人の視点だったと思います。

百田　『日本国紀』でも『「日本国紀」の副読本』でも書いたように、連合国軍に占領された七年間では、実際には多くの日本人が洗脳を受けなかったんですよ。洗脳を受けたのは子供たちです。その子供達が二〇年後に社会に出てから、あるいはマスコミの第一線に出てから、時限爆弾のように占領政策が効いてきたわけです。

実際には大人たちは洗脳を受けなかったけれども、その大人たちも、占領が終わって以降、大して発言はしなかったですよね。

有本　もちろん『「日本国紀」の副読本』で書いたように、戦犯の名誉回復には動きましたし、戦前を知っている国会議員が真っ当な発言をしたりもしました。が、その後、年を経るごとにメディアが強くなり、そのメディアに酷く叩かれたため、どんどん言えなくなっていきました。占領時の「閉された言語空間」が占領明け後、年を経るごとにむしろ広がってしまったように思います。

百田　台湾人のようには、本来、日本人が言うべきことを言わなかったし、言えなかった。そして、どんどん言わなくなった。つまり「分かってはいたけれども、言わなくなった」ですね。

有本　「天皇」については、まさにそれが顕著だったのでしょうね。

「天皇」を教えていない

百田　日本の教科書は天皇についてまったく教えていないと言っても過言ではありませんね。

有本　記述を避けようとしているように感じます。教科書の作り手たちは、「天皇」を語ると、前近代的だと感じているのかもしれません。あるいは「個人崇拝」になると考えているのかもしれませんし、「先の戦争」「軍国主義」につながると思っているのかもしれない。

令和二（二〇二〇）年から使用される東京書籍の小学校六年生の教科書『新しい社会6　歴史編』（平成三一年三月二六日検定済）を見てみます。

百田　これまでの東京書籍の六年生社会科教科書は占有率が高かったんですよね。

有本　はい。これまでは五〇％以上ありました。ですからここでは東京書籍の教科書を取り上げますが、他も似たりよったりです。

『新しい社会　6　歴史編』では、「天皇」をどう書いているか。

〈大和朝廷《やまとちょうてい》（大和政権《せいけん》）と国土の統一〉という見出しのページに次のように書いています。

〈今の近畿《きんき》地方には、大きな前方後円墳《ぜんぽうこうえんふん》がたくさんつくられていたことがわかっています。このことは、この地域《ちいき》に大きな力をもった豪族《ごうぞく》（王）たちが早くから現れ、それぞれのくにを治めていたことを示しています。

その中で、奈良盆地《ならぼんち》を中心とする大和《やまと》地方に、より大きな力をもつ国が現れました。この国の中心になった王を大王《おおきみ》（後の天皇《てんのう》）、この国の政府を大和朝廷（大和政権）といいます。〉（『新しい社会　6　歴史編』）

これが「天皇」という言葉がこの教科書で最初に登場する部分です。

百田　ちなみにこの前に「仁徳天皇陵古墳」は出てきますが、古墳のみの説明ですね。

有本　はい。「民のかまど」も当然ながら書かれていません。

話を戻すと、この「天皇」が出てきた同じページに〈神話に書かれた国の成り立ち〉という見出しをたてたものがありますが、そこには次のように書いてあります。

〈8世紀ごろ、「古事記《こじき》」や「日本書紀《にほんしょき》」といった書物が天皇の命令でつくられました。

これらには、大昔のこととして、天からこの国土に下った神々の子孫が、大和地方に入って国をつくり、やがて日本の各地を統一していった話などがのっています。ヤマトタケルの話もその一つで、複数の人物の事業を一人の人物の話としてあらわしたのではないかと考えられています。（後略）〉（同前）

百田　『古事記』や『日本書紀』が天皇の命令でつくられたとは書いてありますが、そこに書かれた話が何を意味するのかを書いていませんね。これでは、天皇の祖先について書かれたものだとは分かりませんよ。

有本　やはり、書くのを避けているように見えますね。これでは「天皇」とは何かが分かりません。

百田　今上陛下とのつながりも書かれていない。そもそも文章として、わけがわからないね。

有本　前に述べたGHQの禁句令がありますから。古代の天皇のことなど教科書に書くわけがありません。

教科書は「万世一系」を避けている？

有本　さらに、その右の囲みの中には、〈神話の中のヤマトタケル〉という囲みがあります。そこには次のように書かれています。

〈ヤマトタケルノミコトは、武勇にすぐれた皇子《おうじ》でした。ヤマトタケルは、天皇の命令を受けて、九州へ行って、クマソを平らげ、休む間もなく、東日本のエミシをたおしました。

ヤマトタケルは、広い野原で焼きうちにあったり、あれる海とたたかったりして、苦労をしながら征服《せいふく》を進めました。

ところが、都へ帰る途中《とちゅう》、病気でなくなってしまいました。すると、ヤマトタケルのたましいは、大きな白鳥に生まれ変わって、都の方へ飛んでいきました。〉（同前）

百田　これ、突然ヤマトタケルが出てきたら、読んでも意味わからないんとちがう？

有本　ここで神話を書く意味を説明しないから、わけがわからないんですよね。皇統、つまり、敢えて「万世一系」につながる記述を避けている。わからせないようにしているとしか思えません。

百田　そう思いますね。

有本　次の見開きは、まさに〈２　天皇《てんのう》中心の国づくり〉というページになります。ここには、**〈聖徳太子《しょうとくたいし》の国づくり〉**という見出しがあり、次のように書いてあります。

〈天皇の子として生まれた聖徳太子は、20才のときに天皇の政治を助ける役職につきました。そのころの日本は、豪族《ごうぞく》がたがいに争い、天皇は、豪族を従《したが》えるのに苦労していました。聖徳太子は、当時大きな力をもっていた蘇我《そが》氏とともに天皇中心の新しい国づくりにあたりました。（後略）〉（同前）

そして「ことば」という用語説明が、囲みの中に書かれています。

〈天皇　7世紀のころから、よび名がそれまでの大王《おおきみ》から天皇に変わっていきました。神話では、国をつくった神々の子孫とされており、その地位は、時代をこえて続きました〉（同前）

百田　大人はすでに知識があるので分かりますが、子供は何のことやら、分からないのでは？

有本　分かりませんね。「その地位は、時代をこえて続きました」とは書いても、「万世一系」には触れたくない（笑）。ところで、この記述にまつわる教科書の罪深い問題点が明らかになっています。

聖徳太子の政《まつりごと》については教科書で触れないわけにはいきません。そこで、推古《すいこ》天皇（三三代、在位五九二―六二八年）が登場するのですが、たとえば中学校社会科用『新編　新しい社会　歴史』（東京書籍、平成三一年二月一〇日発行）ではこの推古天皇が最初に習う天皇ということになります。東京書籍の小学校の教科書には推古天皇も出てきません。そのため、日本の大学生に「日本の初代天皇は誰か？」と訊くと、「推古天皇」と答える子がかなりいるというのです。これは大学生が悪いのではなく、教育の問題です。実に嘆かわしいことです。

百田　天皇を、「地位」というのは、ちょっと違うと思いますけどね。

有本　この教科書はじめ、今の日本の教科書にはまったく書かれていませんが、『日本国紀』には、「天皇」という言葉がどんな意味を持っていて、なぜそうなったのか、その経緯がきちんと書いてあります。

百田　これは重要なことなのですよ。聖徳太子が出した国書に書かれた言葉です。

有本　この教科書にも一応、〈**小野妹子が持参した国書**〉という囲みがあり、こう書かれています。

〈中国の歴史書によると、国書の書き出しには、「日がのぼる国の天子、国書を日がしずむ国の天子に届《とど》けます」と書かれており、隋と対等な関係を結ぼうとしたと考えら

れています〉（同前）

「天皇」と聖徳太子

百田　でも、実はこの後が本当に重要なのですよ。

六〇七年に聖徳太子が出した「日出ずる処の天子、書を日没する処の天子に致す」という文書に、隋《ずい》の煬帝《ようだい》は「なんだ！」と怒りました。

聖徳太子の国書に隋の煬帝が怒った。一般には、隋の煬帝は「日出ずる」「日没する」という記述に怒ったと思われているのですが、実は違います。

「〝天子〟とはなんだ！」と煬帝は怒ったのですよ。

「日出ずる処の天子」と聖徳太子は名乗りましたが、中国の皇帝である煬帝にとっては、「天子」とは世界にたった一人、自分だけなんです。

有本　それなのに「こいつは、なんだ！」と。

百田　そう。煬帝はいわゆる「易姓革命」で、天命によって選ばれたことになっている。だから、世界に唯一人の天子のはずなのです。

しかも日本は、中国にとっては「倭国《わこく》」ですよね。

有本　煬帝にしてみれば「倭国ごときが」ということですね。

百田　そう。「倭国ごときの王が〝天子〟と名乗るとはなんだ！」と怒った。そして、わざわざ答礼使を派遣して「天子という言葉は使うな」と言ったのです。

本当はもっと激怒して「許さん！」となって攻めて来てもおかしくなかったのですが、当時、日本は非常に強かった。国力があったのです。

煬帝は高句麗と戦っていたので、その状態で日本を敵に回すと、やっかいなことになると考えたのでしょう。なるべく日本とは事を荒立てないことにしたのです。

有本　(笑)。百田さんにかかると煬帝も関西弁ですね。

でも、「天子はアカンやろ」と。

百田　そこで聖徳太子は考えたんですね。「天子」とは名乗れない。かといって「王」とも名乗れない。

有本　「王」は服属の印ですからね。

百田　そう。「王」というのは、今の感覚では「キング」なので「トップ」のように思いますが、古代の東アジアでは「王」は中国皇帝が冊封国、属国に与える位の一つだったのです。たとえば卑弥呼は「親魏倭王」という位を与えられました。

それから、有名な志賀島から発掘された金印「漢委奴国王《かんのわのなのこくおう》」というものもありますね。これは「漢という国の中の、倭国の中の、奴国の王」ということです。

有本　有名な「倭の五王」。これも大陸にあった国から「王」を与えられている。

百田　そう。そのように「王」というのは中国の属国の印なので、聖徳太子は「王」とは書きたくない。「王」と書いた時点で日本は中国の属国だと、自ら認めることになるからです。しかし、「天子」と書いたら向こうは怒る。

聖徳太子は「うーん」と悩んだ。そこで考えた言葉が、有名な「東の天皇、敬《つつし》みて西の皇帝に白《もう》す」です。

有本　これは『日本書紀』に書いてありますね。

百田　そうです。ここに、日本文献史上、初めて「天皇」という言葉が出てくるんです。

私たちは「天皇」という言葉を何気なく使っていますが、文献史上では、聖徳太子が隋の煬帝に出した手紙（国書）が「初出」なのです。当時、一般的にはどのように使われていたかはわかりませんが、これは、すごく意味のある言葉ですよ。

つまり「我々はすでに中国の属国ではないし、中国にへりくだる国ではない。独立した国であって、中国とは対等の外交をする国なのだ」という気合い。この聖徳太子が使った「天皇」という言葉の中には、その気合いが見えるんですよ。だから、この「天皇」は、すごく意味のある言葉なのです。

有本　それをなぜ日本の歴史教科書が教えないのかということですね。

百田　そうなのです。普段使っている「天皇」という言葉の語源はいったい何なのだろうか。なぜできたのか。それをほとんどの日本人が知らないというのはおかしいでしょう。

「十七条憲法」のすごさ

有本　〈聖徳太子《しょうとくたいし》の国づくり〉の見出しのページには、さらに次のように書かれています。

〈聖徳太子は冠位十二階《かんいじゅうにかい》を定め、家柄《いえがら》に関係なく能力や功績《こうせき》で役人を取り立てました。そして政治を行う役人の心構えを示すために、十七条《じゅうしちじょう》の憲法《けんぽう》を定めました。また、仏教をあつく信仰《しんこう》していた聖徳太子は、法隆寺《ほうりゅうじ》などを建てて、仏教の教えを人々の間に広めようとしました。〉（同前）

さらに**〈十七条の憲法**（一部）**〉**という囲みがあり、一から三条と一二条が書かれています。囲みのキャプションには**〈政治を行う役人の心構えなどが書かれてあり、聖徳太子の政治の理想がわかります〉**とあります。

『日本国紀』では、「十七条憲法」（六〇四年）の素晴らしさを解説しましたが……。

百田　この教科書には「十七条憲法」のすごさが書かれていませんね。

「十七条憲法」の第一条は、「和を以て貴しと為す」です。

元は漢文ですが、この「和を以て貴しと為す」が第一条にあることが、いかにすごいか。

第二条は「篤く三宝を敬へ」。仏教を厚く信仰しなさいということです。

そして、第三条にようやく「詔を承りては必ず謹《つつし》め」と、天皇のお言葉にはしっかり従いなさいと書いてあります。

つまり、天皇よりも仏教に重きを置き、その仏教よりも、民主的な概念である「和を以て貴しと為す」を最初に置いています。

六〇四年にこの概念を持っていて、それが一番重要なのだと考えたことは、時代を千年先取りしていますよ。

有本　この「和を以て貴しと為す」の背景には、豪族同士の争いと冠位十二階があります。豪族同士の血で血を洗う争いをやめようということが一つ。

もう一つは、冠位十二階で能力によって人材を登用しようということ。有力豪族の血脈にない者でも有能な人はどんどん出世させて仕事をさせようということですね。

ここで言う「人の和を大事にしなさい」という意味は、単純に「仲よくしなさい」ということではなく、「議論をしようよ」ということだとも言われています。

国のために、身分の別なく、争いあうことなく、議論して、いい道を決めていきましょうということですから、まさに民主的な発想です。現代の民主主義とは少し違いますが、すごく時代を先取りしていますね。

関連して言えば、明治維新の時に布告された明治天皇による「五箇条の御誓文」（明治元・一八六八年）がありますが、これも同じ精神です。

百田　「五箇条の御誓文」は、「広く会議を興し、万機公論に決すべし」「上下《しょうか》心を一にして、盛に経綸《けいりん》を行ふべし」「官武一途庶民に至る迄、各其志を遂げ、人心をして倦《う》まざらしめん事を要す」「旧来の陋習《ろうしゅう》を破り、天地の公道に基くべし」「智識を世界に求め、大に皇基を振起すべし」です。

「広く会議を興し、万機公論に決すべし」は、まさに「みんなで考えよう」ということです。

有本　聖徳太子から明治天皇まで日本をこの精神が貫いていて、その中心は、やはり天皇なのですね。こういう歴史の上に立っておられたからこそ、昭和二一年元旦の昭和天皇のあの詔書（一三〇ページ）があったわけですよね。改めて感慨深いです。

百田　そうです。日本の民主主義を支えてきたのが天皇という存在であったと考えることもできます。この場合の民主主義は近代の議会制民主主義とは少し違いますが、精神においては同じです。

元号を教えない？

有本　そして、そもそもの話なのですが、この教科書には〈歴史学習の基本をおさえよう③　～年表の見方を知ろう～〉というページがあるんですね。その中に〈年表を読み取る〉という見出しがたっていて次のように書いてあります。

〈【西暦《せいれき》とは】

●年表では、できごとを表すのに「西暦」を用いている。

「西暦」は、イエス・キリストが生まれたと考えられた年を西暦1年として数えている。

【世紀とは】

●年表の100年ごとの目盛《めも》りをひとまとめにして、「世紀」とよぶ。西暦1年から100年までが1世紀、2001年から2100年までは21世紀となる。

【時代とは】

●日本の歴史では、「奈良時代」「江戸時代」など、国の政治が行われた場所などをもとに時代が区切られ、名前がつけられている。（後略）〉（同前）

百田　元号がない？

有本　そうなんです。元号を教えていないんです。

百田　新元号になって、日本だけでなく、世界中で報道され、みんなでお祝いをしたのに？

有本　令和の時代になり、元号にスポットライトが当たって、やはり日本には元号が必要だとほとんどの人が思ったと思います。でも、なぜか「天皇の時間」を生きることを苦痛として裁判に訴えた人のように、元号を教えていない。

百田　でも「イエス・キリストが生まれたと考えられた年を西暦1年として」とは書いてありますね。

有本　「キリストの時間」はよいけど、なぜか元号は教えない。

百田　元号を教えていなくて、たとえば「大化の改新」はどうやって教えているの？

有本　聖徳太子について書かれたページの次の見開きが、まさに〈**大化《たいか》の改新《かいしん》と天皇《てんのう》の力の広がり**〉という見出しのあるページです。

〈**聖徳太子《しょうとくたいし》の死後、蘇我《そが》氏が天皇をしのぐほどの勢力をもちました。その様子を見た中大兄皇子《なかのおおえのおうじ》**（後の天智《てんじ》天皇）**と中臣鎌足《なかとみのかまたり》**（後の藤原鎌足《ふじわらのかまたり》）**は、645年に蘇我氏をたおし、中国《ちゅうごく》**（唐《とう》）**から帰国した留学生や留学僧《そう》らとともに、天皇を中心とする国づくりを始めました**（大化の改新）。〉（同前）

こう書いてあるだけです（笑）。

百田　大化の改新は、大化元（六四五）年から始まったのでそう呼ばれています。元号を書かないと、生徒たちにとってはなぜそう呼ばれるのか、全然分かりませんね。

戦後初の教科書には神武天皇が

有本　戦後すぐの教科書を見てみると、今の教科書と違います。文部省が戦後、初めてつくった歴史教科書は国民学校用の『くにのあゆみ』というもので、昭和二一（一九四六）年一〇月から使用されました。

この教科書の〈二　大和の朝廷〉には、次のように書かれています（編集注／旧字を新字に改めた）。

〈国のおこり　大和は今の奈良県にあたる地方です。緑の山山にかこまれたこぢんまりした盆地《ぼんち》であります。そのころ最も有力なものが、この盆地からおこつて、だんだん日本を一つにまとめたのであります。この大事な仕事をおはじめになり、畝傍山《うねびやま》のふもとの橿原《かしはら》の宮で、最初に天皇の位におつきになつた方が、神日本磐余彦天皇《かむやまといはれひこのすめらみこと》といはれてゐます。〉（『くにのあゆみ』）

百田　「神日本磐余彦天皇」とは、神武天皇のことですね。「神武天皇」とは書いていませんが、日本の歴史の始まりにおける天皇の位置づけの説明がある。

有本　後に説明しますが、この部分を書いたのは教科書裁判で有名な家永三郎氏で、この時、「神武天皇」の記述が問題になったそうなんですね。

百田　家永氏が「神武天皇」と書いていたと！

有本　はい。産経新聞にかつて「戦後史開封」という連載企画がありました。産経新聞が当時を知る方に行った取材によると、「ＣＩＥ（編集注／民間情報教育局。ＧＨＱの教育担当部局）から神武天皇の〝神武〟の意味を聞かれ、通訳が〝神と武士だ〟と説明した。アメリカはこの二つが一番気に入らなかった」のだというのです（産経新聞一九九五年一一月一日「戦後史開封」）。

同連載には、家永さんもこう証言しているんですね。

「私個人としては神武天皇は書きたくなかった。しかし、尊敬する津田左右吉博士が豊田さん（編集注／文部省の図書監修官）に〝初代天皇の名前ぐらいは伝わっていたと書いた方がよいだろう〟と言われたと聞いていたし、国定教科書なのだからと伝承の形で書いた。〝（神武天皇は）当時からそう呼ばれていたのか〟とＣＩＥに尋ねられ、〝後世につけられた漢風のおくり名だ〟と答えた。〝当時の名で〟と求められ、神日本磐余彦天皇（かむやまといはれひこのすめらみこと）と書き直した」（同前）

百田　ＧＨＱは日本の歴史を知らないから、今から見れば、滑稽なやり取りになっていますね。津田左右吉氏といえば、昭和一五年（一九四〇）年に著作が発禁になり、出版法違反で起訴された。『古事記』『日本書紀』を批判的に考察して、右翼から天皇を冒涜しているとされました。

有本　その津田左右吉氏でも初代天皇の名前は書いた方がいいと言っていたのです。

百田　先の章で触れたように、日本は神話と結びついた国名であり、神話につながる歴史を持っている国なのです。書かなければ、日本の歴史は理解できませんよ。

家永三郎氏が書いた教科書

有本　『くにのあゆみ』の〈第二　開け行く日本〉は、〈一　聖徳太子《しやうとくたいし》〉で始まります。その中の〈冠位と憲法〉という見出し部分には次のように書かれています（編集注／旧字を新字に改めた）。

〈聖徳太子は、推古《すゐこ》天皇が位におつきになつたとき、皇太子《くわうたいし》におたちになり、同時に摂政《せつしやう》として、政治をおとりになることになりました。それは今から、およそ千三百五十年ばかり前のことであります。〉（同前）

百田　推古天皇の摂政だときちんと書かれていますね。

有本　はい。そして、次のように続きます。

〈太子は、摂政の間にいろいろな仕事をなさいましたが、その第一は政治をたてなほ

すことであります。そのころ朝廷に仕へる氏の中でも、蘇我氏のやうに勢ひのあるものが、土地と人民をたくさん持つて、力をふるつてゐました。また朝鮮半島では、新羅が強くなつて、わが国となじみの深い任那をほろぼし、百済を攻めるなど、国の内も外も、大分やうすが、変つてきました。太子は、これらのやうすをごらんになつて、まづ家がらで役目をうけつぐ昔からのならはしを、改めたいとお考へになり、はたらきのある人を重く用ひるために冠位《くわんゐ》をお定めになりました。つぎに十七条の憲法《けんぱふ》をつくつて、役人たちをおさとしになりました。そのはじめに「和」の大せつなことをお説きになつてゐます。これは朝廷に仕へる人人が、仲よく力をあはせなければならないことを示されたのです。また勢ひのある人人が、人民から勝手に税をとりたててはならないこと、人民のうつたへをよく聞いて、えこひいきのない政治をしなければならないこと、大せつなことはひとりぎめにせず、大勢の人と相談した上でやらなければならないことなど、政治をする上の心得が、こまごまと示されてゐます。〉（同前）

百田　ちゃんと解説してありますね。「和」の大切さを、十七条憲法の「はじめに」説いているとも書いてある。元号については？

有本　〈改新の政治〉という見出しがたてられ、こうあります。

〈まづ孝徳《かうとく》天皇が、位におつきになりました。中大兄皇子が皇太子となられ、鎌足や、支那に勉強に行つて、帰つてきた人人などを、重くお用ひになつて、古いならはしを、とりのぞき、新しい政治をおはじめになりました。時に西暦《せいれき》六百四十五年でありました。この時、はじめて、大化《たいくわ》といふ年号を定められましたので、この新しい政治を、大化の改新《かいしん》といひます。〉（同前）

そして、たとえば他の部分でも、「和銅《わどう》三年（西暦七一〇年）」と併記していますね。

百田　これ、昔の左派である家永氏が書かれたものですよ。

つまり、教科書は近年になってどんどんおかしくなっているわけですね。

記紀の神話はNG

有本　文部省が戦後、初めてつくった社会科教科書には、『くにのあゆみ』の他にも次のようなものがあります（編集注／括弧内は発行日）。

『くにのあゆみ　上下』（上は昭和二一年九月一日、下は昭和二一年九月五日）

『日本歴史　上下』（上は昭和二二年一月二〇日、下は昭和二二年二月二〇日）

『あたらしい憲法のはなし』（昭和二二年八月二日）

『民主主義　上下』（上は昭和二三年一〇月三〇日、下は昭和二四年八月二六日）
『まさおのたび』（昭和二三年二月二〇日）
『たろう』（昭和二三年七月一五日）
『大むかしの人々』（昭和二三年一〇月三〇日）
『日本のむかしと今』（昭和二三年一二月二五日）
『村の子ども』（昭和二二年九月一五日）
『都会の人たち』（昭和二三年四月五日）
『土地と人間』（昭和二二年八月二五日）
『気候と生活』（昭和二三年三月二五日）

百田　『くにのあゆみ』と同様、占領下の教科書ですね。

有本　そうです。これらの教科書全一五冊の復刻版が『文部省著作　社会科教科書』（山住正己監修・解説、日本図書センター）として平成九（一九九七）年に出版されましたが、それには、東京都立大学名誉教授の山住正己氏による「社会科教育の出発」という解説がついています。

戦中に、歴史や地理の教科書が政府の政策に必要な内容を盛り込んでいったことや、戦後の墨塗り教科書やその対応のドタバタ、教師の戸惑いなどが記されているのですが、それに続けてこう書かれています。

〈歴史に関しては、文部省の作った『暫定初等科国史案』という標題のついた謄写刷原稿がのこっているとのことである。これは、四六年春にできたものと思われる。この教科書では、「第一　日本のあけぼの」は考古学の研究成果に立って書かれたが、つづく「第二　大和の朝廷」の章には記・紀の神話が引かれており、これは占領軍総司令部の認めるところとはならなかった。〉（前掲書「社会科教育の出発」、傍線著者）

百田　神話を記述することはまかりならんというわけですね。占領軍は神話を恐れたのかもしれませんね。

「皇位世襲の伝統」は削除

有本　そのため、文部省は省外の歴史研究者に執筆を依頼することになるのですが、その中の一人が先ほど挙げたように家永三郎氏だったのです。

百田　家永氏は、検定で自身が執筆した教科書が不合格になったことから国を相手に国家賠償請求訴訟を起こしたことで知られますね。

有本　はい。その家永氏が、突然文部省に呼ばれ、大至急、国民学校の日本史教科書を分担執筆してほしいと言われて、戦後初の歴史教科書『くにのあゆみ』の古代から平安時代までを書いたのです。山住氏の解説には、その時の様子について家永氏の手記を元にこう書かれています。

〈当日、執筆予定者が揃った席で、総司令部民間情報教育局（ＣＩＥ）の教科書関係主任官トレーナー少佐が、新教科書についての占領軍側の要求についてつぎのように述べたという。

一、宣伝的であってはならない。

一、軍国主義、超国家主義、神道の教義を説いてはならない。『国体の本義』に書かれてあるような歴史観に基くものであってはならない。

一、天皇の事蹟が歴史の全部ではない。経済上のこと、発明、学問、芸術、その他人民の中から出てきたいろいろなことがらを盛るべきである。但し特定の天皇が実際に重要な事蹟を遺しているならば、それを書き載せることは少しも差支えない。ただ天皇なるが故に書くというのであってはならない。〉（同前）

百田　なるほど。天皇の事蹟をことさらに書くなと。

有本　そして、トレーナーらの検閲による変更は消極的削除だとしながらも、主なものを紹介しています。そのうちの一つが「皇位世襲の伝統を説明する文章は削除させられた」です。

百田　皇位世襲の伝統を説明してはならないとGHQに言われて、できなくなった。はっきり言うと、「万世一系」を書くな、と。先ほどの教科書を見ると、それが今に続いているとしか思えない。

有本　そういう「不自由さ」が、むしろ今の教科書の記述により強く見られますよね。しかも、この『くにのあゆみ』は、マルクス主義に傾倒した日本の歴史学者から批判され、さらに中国やソ連からも批判されました。マルクス主義者らは「皇室中心主義の立場」から史実の選定・解釈が行われているとし、中国代表は「対華二十一ヵ条要求にぜんぜんふれていない」からと改定要求を出し、ソ連代表は日露戦争の原因が歪曲されていること、宣戦布告なしに日本が旅順に対して攻撃を加えたことなどが書かれていないと批判したというのですよ。GHQは取り合わなかったそうですが。

百田　戦後、「日本の歴史」は、GHQからも共産主義者からも口を出されたわけですね。要するに、どっちつかずのヌエみたいな教科書にならざるを得なかった、と。

明治の教科書

有本　惨めですね。では、明治の教科書はどのようなものだったのか、にも触れておきます。

文部省は、明治四（一八七一）年に設置され、欧米の教育制度を学んで学校教育制度が作られ、明治五年に「学制」（日本の近代学校制度に関する最初の法令）が頒布されました。この時期、教科書は自由発行、自由採択です。その後、届出制から認可制になり、検定制になります。明治になって教育制度を整えるために日本政府は試行錯誤していたのです。

そして、明治三六（一九〇三）年に国定制になりましたが、これは「教科書疑獄事件」というものがあったからなのです。

百田　なるほど。

有本　明治三五年に、小学校の教科書採用をめぐり、府県担当官と教科書会社との贈収賄事件が発覚したんですね。県知事をはじめ地方官や教員、教科書会社から召喚されたのは約二〇〇人、一〇〇人以上が処罰されたという事件です。

明治一九（一八八六）年に教科用図書検定条例が制定されて、文部省の検定認可を経てから府県ごとの審査を受け、正式に採用されるようになったことが背景にあります。この事件で、菊池大麓《だいろく》文部大臣は引責辞任し、文部省廃止説も出るというような状況だったそうです。そういう流れがあって、翌年に検定制を廃止し、国定化に踏み切ったというわけです。

百田　平成二八（二〇一六）年七月にも教科書会社が公立小中学校の教員らに検定中の教科書を見せ謝礼を渡したり、懇親会で酒食を提供したりしていたことで公正取引委員会が警告したとの報道がありましたね。公正取引委員会は、東京書籍など教科書を発行する九社に警告したという。

産経新聞によれば、公取委関係者は「1社だけなら一罰百戒で排除措置命令にしたかもしれないが、9社もやっていた。処分を目指して時間をかけるよりも、短期集中で再発防止や業界全体への改善の働きかけを目的とし、警告にした」（産経新聞二〇一六年七月六日）と言っていますから、事は深刻です。

有本　そうです。戦前にもそういうことがあって、教科書は国定になったのです。明治三七（一九〇四）年から日露戦争がありましたが、別に軍国主義で国定化したわけではありません。

百田　思想の問題ではない、と。

有本　はい。検定教科書の内容不備に批判があったり、紙質が悪く、高価だという問題もありましたよ。

　しかし、そもそもの国定化の理由は贈収賄なのです。

　ここに明治二四（一八九一）年の『高等小學歴史　巻之一』（文部省總務局圖書課）があります。これは国定化の前、一八八六（明治一九）年〜一九〇二（明治三五）年の検定教科書期に出版されたものです。

「第一篇」の「総論」の最後には、次のような文が見られます（編集注／新字新仮名に改め、ルビを振った）。

〈此書を繙くに当り、特に銘記すべし、我国の、東洋に独立して、古来外邦の来り侵さざりし所以のものは、上に万世一系の帝室ありて、其政治宜しきを得、又吾人《ごじん》祖先の、愛国心に富み、時に攻守を力め、蚤《つと》に産業を励み、而して其国産に乏しからざるの致す所なることを。故に左に地理、政体、及帝室の略説を掲げて、以て其梗概《こうがい》を知らしむ〉（『高等小學歴史　巻之一』）

百田　「万世一系の帝室ありて」とちゃんと書いてありますね。

有本　はい。この教科書は明治二二（一八八九）年二月一一日に大日本帝国憲法が発布された後、明治二四年のものですからある意味、自然なのです。大日本帝国憲法は第一条に〈大日本帝国ハ万世一系ノ天皇之ヲ統治ス〉と謳っていますからね。

でも、たとえば明治一四（一八八一）年、検定制度実施前の教科書『小學日本歴史巻上』（石村貞一編次、阪上半七発行）でも皇統はしっかり教えています。明治の検定制度実施前、届出制の時期のものですよ。そして共に、「民のかまど」の逸話が掲載されています。

百田　それが戦後、天皇の記述と共に消されてしまったというわけですね。

第6章　令和の国体論

昭和天皇、石川県御巡幸（昭和 22 年 10 月 29 日）

「あなたにとって天皇とは？」

有本　私は仕事柄、外国人から、日本の天皇について聞かれることがよくあります。その中で最も印象深かったやりとりは次のようなものです。

今、中国政府によるウイグル人弾圧が国際的に問題になっていますが、平成二五（二〇一三）年にそのウイグルの母と言われるラビア・カーディルさんを日本に招いた時のことです。

約二週間一緒に過ごす中でいろんな雑談もしたのですが、ある時、急に彼女が真剣な顔になって「一つあなたに聞きたいことがある。あなただったら私が納得いく答えをくれるんじゃないかと思うから」と言うわけです。「なに？」と聞いたら「あなたにとって天皇とはどういう存在か」と。

百田　ラビアさんはなぜそんな質問を？

有本　ラビアさんはアメリカに亡命した二年後から幾度も来日しているのですが、いわゆる左派的な日本人に招聘されていたこともありました。その時に、皇居に行ったと。でも、案内した日本人から「本来、天皇は戦争責任で裁かれるべき人だった」と解説されたというのです。

百田　ええ？　ひどい案内人ですね。

有本　その時の日本人たちは、天皇という存在を認めたくない感じだったと。これも日本の戦後の姿です。民族問題に命がけで取り組んでいる活動家を招聘する人たちが、自分が日本人であることを説明できない。この事態がまさに戦後です。

しかし、ラビアさんは、むしろ彼らが特殊なのではないか、という疑問を持ったようなのです。

百田　さすがですね。

有本　それで「あなたにとって天皇とはどういう存在か」と私に聞いた。私は「これは全くの私見ですが」と断わって、こう話しました。

「たとえば、日本が仮に中国から侵略されたとしましょう。東京も含めて多くの都市が制圧されて、小さな島一つしか残らなかったとします。そして、生き残った日本人が逃げることを余儀なくされたとします。

でもその小さな島一つ、そこに天皇陛下さえ残っていらしたなら、日本人はそこから立ち上がって反撃し、中国を撃退して、何十年かかっても再び世界一の国をつくることができると思います。

天皇とはそういう存在です」

日本人の精神

百田　いい説明です。

有本　ありがとうございます。こう説明すると、ラビアさんは私の顔をじっと見て「それで全て分かった」と言い、両手を握りました。

百田　伝わったと。

有本　はい、たぶん。その後、ラビアさんから、本当にいいことを聞いたと何度も言われました。

「日本人がなぜこんなに強いのか、よく分かった。あなたたちの中にしっかりと柱のようなものがあるからなのね」と。

たとえば、日本の明治以降の発展や戦時の戦いぶり、そして戦後復興のすごさをラビアさんたち、海外の方はよくご存じなのです。だから、なぜそんなに日本人は強いのかと不思議に思っているのです。

百田　その日本人の精神力について「分かった」と。

有本　はい。日本人の不屈の精神はどこから来るのか。もちろん国土は大事ですが、でも国土は取られたら取り返せばいい。取り返す時に、もう一度立ち上がる時に、天皇陛下さえいらしてくださるなら、日本人はそれを中心に立ち上がることができる。

それが天皇という存在だと私は思っていて、ラビアさんに伝えました。

百田　ウイグル人にはそれがない？

有本　ラビアさんは「私たちの民族に果たして同じ存在があるかと聞かれたら、ないかもしれない」と言いました。

百田　ただ、ウイグル人にはイスラム教というものがありますよね。

有本　そう。彼らにはアッラーという存在があり、信仰があるわけです。

私の説明がよかったかどうかは分かりません。でも、宗教も民族も違うラビアさんがそれで分かったという。彼我の違いは大いにありますが、日本における天皇のような存在が人間には必要だと、ラビアさんは知っているのです。

百田　だからこそ有本さんの話が一瞬で分かるわけですね。

グローバル時代の自覚

有本　実は、私はチベット、ウイグル問題に長く関心を持って取材してきた自分自身を「地球市民」だと思っています。

百田　チベットやウイグル問題は人権問題ですからね。

有本　はい。だからこそなのですが、「地球市民」であると同時に、自分は日本人でしかないなとも思うのです。子供たちに、自分が日本人であること、他の何者にもなれないことを教育しないのは、罪ではないかとも思っています。

百田　その辺がラビアさんを最初に招聘した人権活動家と違うよね。

有本　そうですね。たとえば、子供たちに外国語を教える。あるいは外国の事情、文化を学ばせるとします。それと同時に、それらにとってあなたは「他者」なのだということを認識させるのが教育でしょう。彼我の違いを教える、といいますか……。

百田　そのためには自分を知ることが必要ですね。自分は「天皇を中心とした国に生まれたのだ」と知らなければ「他者」を理解できません。

有本　そうなんです。天皇という存在があるから、易姓革命もない、大規模な虐殺もない国で暮らしている。国が根底からなくなる事態を経験していない民族なのですよね。

百田　敗戦でその危機はあったけれどもね。

有本　はい。自分たちはそういう国に生まれたのだと認識させるのが教育です。それは単純に「私、日本という平和な国に生まれたからラッキー」という話ではありません。自分が「日本人に生まれた」ことを自覚してはじめて、自分とは圧倒的に異なる存在が世界にあると知ることができるのです。これこそがむしろ「多様性」を尊ぶ人となるための第一歩ではないでしょうか。

「地球市民」であればあるほど、つまりグローバルな視点を持ちたいのであればそれだけ、「自分は日本人である」ことを知っていなければならないということです。

それこそ、『「日本国紀」の副読本』で論じた『ともに学ぶ人間の歴史』（学び舎）のような歴史教科書で、「人間はみな一緒」だとだけ教えると、逆に他国の人たちの力にはなれないと思います。

百田　あれは「人間みな一緒」というより「韓国の視点」の教科書ですけどね。

有本　そうですね（笑）。

日本人にとっての「別格」

百田　地球規模、あるいは文化人類学的な観点で言うと、アフリカの一小国もローマ帝国も、あるいは中国もアメリカもみな並列的に考えられる。つまり、はっきりとした視点がない。ところが日本国民として生まれた人にとっては「日本」は別格なんですよ。

有本　自分の国ですから、当たり前です。

百田　つまり、日本はアメリカやフランス、イギリスと同じ国じゃないんですよ。当然、学ぶ歴史も違う。

これは自分の家を頭に浮かべて考えれば分かりやすいと思います。たとえば有本家に生まれた子供にとっては、有本家と向かいの家は一緒じゃない。有本家の子供にとっては有本家は別格です。

有本　自分の家は、特別だし、大切に思いますね。

百田　同じように、日本という国は別格であると、子供たちに教える必要があるんです。非常に他の国より大事な国である。その当たり前のことを教えるのが教育ですよね。それを変なグローバリズムで、他国と並列で教えるのがおかしいのです。

有本　日本を「別格」に教える。そのことで百田さんがまさしく仰ったように、「彼らにはイスラム教がある」と思いを致すことができます。

百田　他国の大切なものについて、想像する力が持てますね。

有本　はい。人間が生きていくためには、たとえば学があるとか、金を稼げるスキルがあるとか、そういうこと以外にも必要なものがあります。自分たちの共同体の危機、国家存亡の危機、民族存亡の危機に立った時に、何を支えにして自分たちが戦っていくのか。その柱を持たなければならないと思います。

百田　それが日本においては天皇です。日本人は戦前まで、特に教えるまでもなく、そのことを肌感覚で持っていたのだと思います。

「核」になるものがない国

百田　天皇のような存在がない国、たとえばアメリカには、そのような「核」はないんですよ。だから、小さい時から徹底して愛国教育をするわけですね。

有本　「星条旗への忠誠の誓い」ですね。

百田　徹底して星条旗を掲げる。国歌を斉唱する。そうしないと「核」がないから。

有本　バラバラになっちゃいますからね。

百田　そう。だから非常に人工的ではあるんですが、それが必要だと分かっていることは立派なんですよ。自分たちが依って立つべきところを教育して「私たちの祖国アメリカ」をこしらえているわけです。

アメリカは移民国家ですが、市民権を取るためには必ず宣誓をして、アメリカに忠誠を誓いますね。

有本　そこは徹底していますね。

ただ、ドナルド・トランプ氏がアメリカに出てきたことが象徴しているのですが、私と同年代、五〇代のアメリカ人は現状を心配しているようです。彼らが子供の時は毎朝、学校に行くと星条旗の前で「忠誠の誓い」をしていたけれども、ある時からしなくなって、今はほとんど行っていないというのです。

百田　なるほど。

有本　自分の子供、孫が、「忠誠の誓い」をしていない。それはいいとしても、教科書の内容を見ると、アメリカでも例の「人間の歴史」みたいな教育になっているというのですね。

百田さんが指摘されたように、アメリカで愛国教育をなくしてしまったら、バラバラになりますから、皆さん心配しているのです。

百田　それはバラバラになりますよ。だからトランプ氏が大統領になった。

有本　はい。実は「隠れトランプ」がたくさんいると言われたのには、こうした背景があるのです。トランプ氏の支持層は白人の労働者階級だとよく言われますが、案外、白人の富裕層にも支持されている。その理由の一つは、やはり今、アメリカという巨大な共同体がバラバラになってしまうことへの危機感にあるのだと思います。

百田　それはアメリカだけの問題ではないですね。実はヨーロッパの国々も今、同じように移民国家になって、アイデンティティが失われつつあります。でもね、これはある意味、未来予測ですが、反動が来ますよ。

有本　すでにその予兆があります。

百田　反動が来て、世界の国々がもう一度、自分たちの国とはなんだろうと問い直す。国家を取り戻す、そういう時代が来る。必ず揺り戻しが来ます。

かつての国家主義が生み出した悲劇。その反省を踏まえて、国境があること、民族の対立があることがいけないんだというような考えがありますね。それが今、極端に行き過ぎてしまって、「国じゃない、人なんだ」と国も民族も文化も、境界線が滅茶苦茶になりつつあります。だから、いずれ再び大きな揺り戻しが来る。そういう中にあって、日本はどの道を歩むべきか、ということなんですよ。

幸いなことに日本はヨーロッパの国々や中国大陸と違って、陸上で他国と国境を接していない国です。しかし、そのために「日本民族とは何だ?」と問わずとも、長い間、生きて来ることができました。

有本　島国ゆえの幸運ですが、それゆえに、アイデンティティを意識しないという弱みというか、不幸がある。

百田　はい。世界中見渡しても、珍しい存在でしょう。世界の国々は常に侵略される、侵略する。そして、民族が入り交じる、圧迫される、虐殺される。こういうことを繰り返していますす。その中で「自分たちは何者なのか」を常に問いかけてきたのです。

有本　日本には欠けてきた問いですね。

ドイツの景色

百田　たとえば、ドイツは第一次世界大戦でボロボロになりましたね。ドイツが再び第二次世界大戦で世界に出たのは、自分たちはゲルマン民族だというアイデンティティを掲げたからです。そこに火をつけたのがナチスですよ。

有本　ユダヤ人を弾圧して、迫害しました。敗戦し、ナチスドイツは破滅しました。

百田　ドイツは、第二次世界大戦で木っ端みじんにされましたね。戦後はまた経済発展してきました。今そのドイツはアイデンティティを失いつつあります。

有本　五年くらい前にドイツに行った時、その景色に衝撃を受けました。若い時に見たドイツと全く違う。ドイツの中心部、ミュンヘンやベルリンは、まるでイスタンブールのようなのですよ。

百田　ああ、なるほど。

有本　もうイスラム教徒の町のようなのです。日本でも頭髪を布で隠したムスリムの人はいます。が、ドイツには上から下まで真っ黒で、目と手足の先以外は見えない民族衣装を着た人が普通に歩いています。

フランスはイスラム教徒の女性の衣装である「ブルカ」や「ニカブ」などを法律で禁じています。顔を覆うベールを公共の場でつけては駄目だと。

百田　ドイツにはそういう法律はない？

有本　連邦、つまり国レベルではありません。そのせいか景色が違うわけです。

トルコを中心にした移民の背景を持つ人が人口の二割を占めているんですね。首都のベルリンはさらに高いです。

百田　トルコからの移民は一九六〇年代から入ってきていますから歴史が長い。

有本　そう。西ドイツ時代から労働力不足でガストアルバイター＝一時滞在の労働者受け入れ策を取りました。その後、一度は帰ってもらったんですが、そうすると移民に頼りきりになっていた分野にはもはやドイツ人が寄りつかなくなって仕事が回らない。もたない。それでもう一度、トルコの人たちを正式な移民として戻しました。

こうなると、キリスト教の伝統を継ぐドイツ、というわけにはいかなくなります。百田さんが指摘されたように揺り戻しがあり、ドイツ人にも危機感を持つ人が多くなった。極右勢力が台頭していると言われますが、必ずしも極端な人たちばかりとは言えないんです。

ドイツで少し前に『自壊するドイツ』（ティロ・ザラツィン著『Deutschland schafft sich ab』二〇一〇年）という本が大ベストセラーになりました。これはまさに移民国家であるドイツが、アイデンティティを失いつつあることに警鐘を鳴らした本です。危機感を抱いている人が多いから、ベストセラーになったわけです。

百田さんご指摘のように、徐々に様々な形で揺り戻しが来ています。

嘘の物語

百田　イスラム教は非常に戒律が厳しい。そんな宗教を持った民族が入ると、元からあった宗教や文化は気圧されるんですよ。それを押し返すには、自分たちが掲げる何かを持たなければならないのです。

だから今、ヨーロッパの国々はそれを模索している。そうでなければ、自分たちが乗っ取られます。

有本　すごく単純な例で言うと、たとえばカフェテリアのメニューも、今までのものではなくなってしまったのだそうです。ドイツは豚肉をたくさん食べる文化ですが、イスラム教徒の人からすると、豚肉なんてもってのほかですから。

百田　彼らはハラールといって、イスラムの教えで許されているものを食べますね。

有本　そうです。ですから今後、イスラム教徒が多数派を占めた時、今までのドイツの伝統的食文化は少数派に追いやられてしまうかもしれない。

もう一つ、世界的に「富の偏在」という問題がありますね。グローバル化していくと、実は平等ではなく、世界規模の格差社会を作り出してしまう。自由と平等は相反するものなのだから、当たり前と言えば当たり前なのですが。「さあ世界中みんな一斉に同じ土俵でやりましょう」となると、力のある人に富が集中してしまう。それで「富の偏在」が今起きています。

これに対する不満としては、たとえばアメリカでは数年前に「オキュパイ・ウォール・ストリート」運動が起きました。

百田　二〇一一年にあった「ウォール街を占拠せよ」という運動ですね。

有本　ヨーロッパでも同じような現象が起きています。

国境をなくして、自由にやれ、「ヨーイドン」としてしまえば、世界は、富を独占する一握りの人間たちの天下ということになってしまいます。

ですから、国境があり、文化、共同体があるほうが、むしろ多くの人が生きやすいということなのです。しかしこれをなかなか先進国は、日本も含めて分かっていない。

百田　グローバリズムのまやかしですね。

有本　そうです。「人間みな同じ」と平等を突き詰めて、国境なんていらない、世界には同じ地平が広がっていると思わされるのは、実は不幸の始まりなんです。

日本の戦前は、封建制度の中でがんじがらめになっていたかのようなストーリーで語られます。GHQの指導の下、先に見た『新教育指針』に書かれた通りにです。そのような物語の頂点に天皇を置いて語る人たちがいますが、まったくの誤りだと訂正していかねばなりません。

百田　日本の戦後のまやかしですね。

有本　はい。「嘘の物語」を塗り重ねているのです。

これは日本だけでなく、世界中で、多かれ少なかれ起きていることでもありますね。ヨーロッパでも昔は都市ごと共同体があった。それを全部バラバラにして、人を自由に流動させて、文化の境界をなくしてしまっている。「人類の理想」を追求した結果、むしろ不安定な世界を作り出してしまっています。

「天皇陛下万歳」の意味

百田　「嘘の物語」と言えば、先の戦争では「天皇陛下万歳」と言って、みな死んでいったのだとよく言われます。

有本　はい。一方で、そうではない、と言う人もいますよね。「天皇陛下万歳」なんて言うわけないじゃないか、本当は「お母さん！」と叫んだんだ、と。

百田　「天皇陛下万歳」を批判する人への反論としても、使われたりします。

有本　はい。でも、やはり「天皇陛下万歳」だったのだと思いますよ。それが日本を守るということですから。

百田　その時の「天皇陛下」とは、形而上的な存在なのですよ。「天皇陛下万歳」は、いわゆる「昭和天皇のために」死ぬということではないのです。「日本国のために」という意味なんですよ。ですから「天皇陛下」というのは形而上的な存在で、広義の意味では日本そのものなのです。

戦後、アメリカから輸入したものの一つに「個人主義」があります。それで「天皇陛下」を昭和天皇という個人に置き換えているところがあるんです。

有本　そうですね。「天皇陛下万歳」は自分の家族を守り、古里を守り、この良き祖国日本を守りたい。そのために自分は命をなげうつということの象徴なのです。

百田　個人のために死ぬという意味ではありません。

有本　そう。馬鹿な話に置き換えないでくれ、と思います。

さらに「天皇陛下を利用した軍部が悪い」と言う人もいるのですが、そう単純な問題でもないのですよ。もちろん軍部が天皇を利用した面はあります。でも「天皇陛下万歳」と言って死んでいった。それに関しては、単に利用されたのではない、特別なものがあったのだと、我々後世の日本人が思わないでどうするんですか。

これを分からない人には何を言っても無駄だと思います。

百田 ですから、これは「毛沢東万歳」「スターリン万歳」という個人崇拝とは全然違うのですよ。

有本 「天皇陛下万歳」について思い出すことがあります。

平成二一（二〇〇九）年一一月、天皇陛下（現上皇陛下）ご即位二〇周年の時に、皇居前広場で三万人もの人が集う「天皇陛下御即位二十年をお祝いする国民祭典」がありました。音楽グループの「ＥＸＩＬＥ」が奉祝曲を歌ったりするような大々的なものです。

私はたまたま奉祝委員になっていたので、ステージ近くの席にいたのですが、そこにはある著名人もいらしたのです。

「ロング・リブ・ザ・ダライ・ラマ！」と同じ

有本　その方は、チベット支援者としても有名な方で、かつてはダライ・ラマ法王の訪日などで、ずいぶん力を尽くした方です。

家系にエリート軍人が多い方なのですが、ご自身は日本流リベラルな方です。

百田　そういうことは結構ありますね。

有本　一種の「反動」なのかもしれませんが、これは一概に責められません。その祭典に私は、当時のチベット亡命政権の日本代表をお連れしていたのですが、彼はその方とも知り合いで、挨拶を交わしていました。

一連のステージが終わって、天皇陛下のお言葉があり、その後、「天皇陛下万歳！」と三万人全員で万歳三唱したのです。その時、その著名人だけが「天皇陛下万歳」と言わず、口を真一文字に結んでおられたのです。私はそれを見た時、お気の毒だなと思いました。

お家柄から、戦後、「軍部が悪かった」と責められて、思想的に偏ってしまったのかもしれません。とにかくその方は「天皇陛下万歳」という言葉を言えない。

でも、恐らくチベットサポーターとして「ロング・リブ・ザ・ダライ・ラマ！」は言えるのだと思います。

百田　それは「天皇陛下万歳」とほぼ同じことですよね。

有本　同じです。「ダライ・ラマのご長寿を！」と「天皇陛下万歳！」はほとんど同じ意味。「ダライ・ラマ」には言えるであろうチベットサポーターが、「天皇陛下万歳」は強烈に忌避する。なにも日常的に言わなきゃいけないわけじゃない。でもあの祭典に来ておきながら、一人だけそれを言えないなんて悲しいですよね。

これは戦後の日本人の姿を象徴する光景のように思えて、私はとても深く心に残っているのです。

百田　悲しいね。

有本　それと対照的に、当時のチベットの日本代表は祭典が終わった後、興奮気味に私にこう言ったのです。

「私たちもいつか必ず、ラサでこういうお祝いをやりたい」

ダライ・ラマ法王が、チベットのラサにある宮殿「ポタラ宮」に戻る。そのダライ・ラマ法王にご在位をお祝いして晴れやかに「おめでとうございます」と祝いたい。いつか今日の祭典と同じくらい立派なセレモニーをやりたいと言うのです。「国があるってことは、本当にいいことですよ」と。

百田　彼らはやりたくてもできないのですからね。

森光子さんだけが知る空気

有本　その祭典でもう一つ印象に残っている光景があります。祭典では議員をはじめ著名人がステージに上がったのです。たとえば、読売巨人軍の原辰徳監督などもお祝いのメッセージを述べました。でも、天皇陛下ご臨席の祭典ですから、みんな緊張されていて、原さんも、野球についてのコメントとは違って、硬くなり、言葉がものすごく窮屈なご様子でした。

たとえば皆さん、「天皇陛下の弥栄《いやさか》をお祈り申し上げます」と言うのですが、慣れない言葉だから非常に言いにくそうなのが見て取れるわけです。

その中で、お一人群を抜いて素晴らしかったのは、森光子さんでした。

森さんは大正九（一九二〇）年の生まれで、戦前にデビューし、戦時中も慰問に行かれた世代です。平成二四（二〇一二）年に九二歳で亡くなりましたから、ご即位二〇周年の祭典が開かれた平成二一年といえば最晩年です。実はステージに上がる時、森さんは両脇を支えられなければ上がれないほどでした。正直なところ、大丈夫かなあと心配したくらいです。

その森さんが、ご自分の順番が来たら、とても寒い日の屋外だったのに上に羽織っていたものを脱いでおられた。陛下の前なので、羽織を着ないのですね。

やはり覚悟が違うなと思いました。羽織を着ない帯つきの姿で、森さんはステージの中央に立ちました。そして、にこやかな声でお祝いを述べて、「日本をよい国に、ずっとずっと幸せにしていただけますように、みなさんと一緒にこの寒さもけっ飛ばしましょう」と仰ったのです。

本当にきれいに、しかも自然に仰った。「森光子さん、すごい方だな」と思い感動しましたね。女優だから舞台映えがするという次元の話でなく、森さんの中にある歴史を感じました。

百田　平成二一（二〇〇九）年の秋の園遊会では、現上皇陛下がお生まれになった時に街頭で聞いたという歌を披露されましたね。「鳴った、鳴った、鳴ったサイレン。皇太子さま、お生まれなった」と口ずさんだこともよく知られています。

有本　その時、陛下は「おいくつだったんですか」と笑顔で森さんにお尋ねになって、森さんが一三歳だったとお答えすると、「どうぞお元気で」と仰ったそうです（笑）。

百田　素敵やね。

有本　はい。戦後生まれの人間というのは、どんなに立派な人でも、天皇陛下に対してどう向き合うべきかがわからないのです。だけど、森さんは唯一、その作法をご存じだったと感じましたね。他の人はみんな駄目でしたから。

百田　万歳を言うのも、気が引けるという空気を戦後が作ってきた。

有本　森さんは戦後、芸能界という、左派の巣窟のような世界にいらしたわけですが、ずっと戻れてしまうのです。あれは芸の力というより、私は、この方だけが「今とは違う時代」を体験しているからだと思ってステージを見ていました。

第7章　聖域と祈り

昭和天皇、栃木県御巡幸（昭和 22 年9月5日）

ＧＨＱそのままの内閣法制局

百田　先の章で見てきたように、戦後、ＧＨＱは「神道指令」を出し、教科書を検閲し、教師を洗脳し、徹底的に天皇と国民の分断を推し進めました。さらに藩屏《はんぺい》（皇室を守護する華族）もなくし、財政的にも法的にも、皇室を孤立させました。皇室を支える仕組みを徹底的に壊したのです。

でも、教科書を見ても分かるように、戦後は、日本人自身が天皇という存在を歪めているのですよ。教科書は文部省ですが、内閣法制局も同様です。

新憲法で天皇は国民の象徴になりましたが、その後、内閣法制局が天皇陛下の存在をないがしろにするような法的解釈をしてきたのです。

『虎ノ門ニュース』で評論家の江崎道朗さんにゲスト出演してもらって、内閣法制局について話してもらったんですが、本当にひどい。

有本　新元号が憲政史上初の事前公表になったのも、天皇陛下が仰っていた「譲位」を「退位」と言い続けたのも、内閣法制局が諸悪の根元だと仰っていましたね。

百田　内閣法制局は「譲位」と言うのはまかりならん、としたのです。ＧＨＱそのままですよ。

有本　いったい何様かと思うわけですが、内閣法制局とは、内閣を補佐する行政機関です。ただし非常に強い力を持つ官僚組織でもあります。閣議にかける法案などを審査したり、法令解釈に意見を述べたりする役割があることから、「法の番人」とも言われます。

百田　だから、内閣法制局は絶対的権力を持っているんですよ。法令解釈について各省庁に意見できる。彼らが「違憲の疑い」と反対すれば、それで法案は止まってしまうわけですから、絶対的な権力を持っています。

有本　官僚ですから、選挙で落とせませんしね。

百田　そう。政治が内閣法制局長官を更迭すればいいのですが、逆に言えば、そこまでしなければ駄目なのです。内閣法制局が「ノー」と言ったら、もう何も動きません。恐ろしい存在です。

有本　その彼らの解釈で、どんどん天皇を縛っている。

百田　憲法第四条第一項は、「天皇は、この憲法の定める国事に関する行為のみを行ひ、国政に関する権能を有しない」です。でも、昭和二一（一九四六）年当時は、憲法を担当した国務大臣の金森徳次郎氏はこう答えています。

〈國の象徴と云ふことは、本旨は度々申上げて居る通りでありますが現實の姿に於きましては、やはり之に伴ふ所の諸般の政治行爲を必要なる限度に於て行はせられなければ、十分趣旨は貫かないと思ふのであります。單純なる名目上の地位、結局それが他日無視せらるるやうな結果すらも惧れ得る次第であらうと思ひます、又象徴たるの實際の御地位を完遂せられるにも不適當になると思ひます。

であリますからしてどうしても若干の國務は行はせられなければならぬ。而も是は政治の一部であることは云ふまでもありませぬ。

そこで其の行はせられて然るべき國務を、此の憲法の中に擧げまして、主としては第六條第七條でありますけれども、是ばかりに限つて居る譯ではございませぬ。外の條文に若干の規定が尚ほ存して居りますが兎に角憲法に掲げて居る是だけを御行ひになるのだ、斯う云ふ風に規定を致しまして、よく申しまする君主は統して治せずと云ふことの原則を先づ相當の程度まで守りつつ、而も有名無實なる國の象徴ではないと云ふことを見出すだけの規定を設けた譯でありまして、此の一項の規定は御讀み辛いかも知れませぬけれども、能く御覽下されば意味が非常にあるやうに考へて居ります〉

（衆議院帝国憲法改正案委員会、昭和二一年七月一二日。編集注／句点、改行を入れた）

つまり、もともと日本政府は、国の象徴である天皇は政治の一部である国務は行う、「有名無実なる国の象徴ではない」と言っているのですよ。

しかし、昭和三九（一九六四）年には高辻正巳内閣法制局次長が、〈天皇の御意思によって、国事行為にわたる事項についての御行為のほかに、国政に影響を及ぼすような権能、そういうものはお持ちにならないということを憲法の四条は規定しているもの〉（衆議院内閣委員会、昭和三九年三月一九日）とした。つまり、「天皇は国政に影響を及ぼす権能を持っていない」としたのです。

さらに、昭和六三（一九八八）年五月二六日には大出峻郎内閣法制局第一部長が憲法第四条第一項について、〈規定の趣旨には、一般に天皇の行為によりまして事実上においても国政の動向に影響を及ぼすようなことがあってはならない〉（参議院決算委員会、昭和六三年五月二六日）としています。つまりは天皇のご行為が「国政に影響を及ぼすようなことがあってはならない」としたのですよ。

有本　「影響を及ぼすようなことがあってはならない」とはすごい。

百田　誰が命令してんねん！　という話ですよ。何様や、と思いますね。

有本　どんどん天皇と国政を分断していますね。

百田　この天皇のご行為が「国政に影響を及ぼすようなことがあってはならない」という解釈で、「譲位」はまかりならん、とされたのです。「譲位」、つまり「位を譲る」というからには天皇のご行為が反映されていると「解釈」したということ。

有本　元号の公表についても、内閣法制局から憲法違反という横やりがあって、事前公表になったそうです。本当に何様かと思いますね。

コンピューターソフトの更新に間に合うよう設定された四月一日の閣議決定と、新天皇の署名、公布までにあまり時間が空くことに、内閣法制局から「運営上、憲法違反に近い」との指摘が出ていたということです。

百田　要するに、天皇のご行為が「国政に影響を及ぼすようなことがあってはならない」なのですよ。そして結局、内閣法制局が法を「解釈」して事前公表したのです。

こうして見ると、内閣法政局というのは、内閣や国会や最高裁判所よりも強い権限を持った組織という気がします。

東大法学部と「天皇ロボット説」

有本　そんな権力を持った内閣法制局の人たちは、やはり東京大学法学部出身なわけですよね。

百田　はい。憲法学の権威である宮沢俊義東大法学部教授の系譜ですね。『日本国紀』にも書きましたが、宮沢俊義氏は「八月革命説」を唱えました。宮沢氏は最初、日本国憲法の制定は日本国民が自発的自主的に行ったものではないと言っていたのです。つまりアメリカから押し付けられた憲法だと非難していた。でも、ある時から突然、「八月革命説」を唱えて、日本国憲法の正当性を論じたのです。

有本　「八月革命説」とは、ポツダム宣言の受諾によって日本の主権者は天皇から国民に革命的に変更された。だから、日本国憲法は主権を獲得した国民が自らの意思でつくった憲法であって、GHQによって押しつけられたものではないという説ですね。

百田　日本国憲法の制定にGHQは関係ない――つまり日本国憲法は正当な日本の憲法であるというのが「八月革命説」。こんなトンデモ学説をある日突然唱えだしたのです。彼の心の中まではわかりませんが、GHQの教職追放に恐れおののいて、彼らに阿《おもね》るような学説を唱えた可能性はあるでしょうね。

有本　東大法学部を出て司法試験を受ける法律家たちは、今でもこの学説で学んでいるのですから驚かされます。

百田　その宮沢俊義氏は、日本国憲法の規定は天皇を「ただ内閣の指示にしたがって機械的に『めくら判』をおすだけのロボット的存在にすることを意味する」（宮沢俊義、芦部信喜補訂『全訂日本国憲法』日本評論社）としたのです。

有本　いわゆる「天皇ロボット説」ですね。

百田　この「天皇ロボット説」をどんどん促進してきたのが、内閣法制局です。

有本　宮沢教授の系譜の方たちですね。

百田　憲法学者は法律の解釈が必要になると、それが正しいかどうか、日本国憲法に照らし合わせてばかりいます。彼らにとって日本国憲法は中世の神学者における聖書みたいなものなのです。内閣法制局も同じ穴の狢です。

聖域を管理する中国共産党

有本　「神道指令」を出したGHQはもちろんのことですが、内閣法制局、それから憲法学者、法律家は、皆、傲慢ですよね。

これに通じると私が思う他国の例を挙げておきたいと思います。

令和元（二〇一九）年七月一五日に、産経新聞が次のように報じました。

〈チベット仏教最高指導者ダライ・ラマ14世（84）の後継選びをめぐり、中国チベット自治区の宣伝当局幹部、王能生氏は「（後継者は）中央政府に承認されなければならない」と述べ、中国主導で進める考えを示した。自治区ラサでインド人記者団に語った内容として、PTI通信や複数のインド紙が15日までに伝えた。

後継者はダライ・ラマ死去後に生まれ変わりを探す「輪廻（りんね）転生」制度で選ばれる伝統がある。王氏は「生まれ変わりを決めるのは、ダライ・ラマ個人や外国に住むグループではない」とも述べた。亡命チベット人社会は中国による15世の指名強行を警戒している。（後略）〉

これが中国共産党ですよ。

六〇〇年以上続く「ダライ・ラマ」を、出来てから高々七〇年の共産党政権が「承認」しようという傲岸不遜の極みです。

百田　「中央政府に承認されなければならない」って内閣法制局の物言いとそっくりですね。

有本　本当に。実は中国政府は二〇〇七年に「チベット仏教の活仏輪廻管理条例」を作っています。ダライ・ラマ14世がご高齢なので、それを見越して、チベット仏教の後継者選びと最終認定に政府が関与するため、法律を作ったのです。

それをいよいよ「ダライ・ラマ」に適用するというわけです。

中国当局がチベット仏教を破壊し貶めてきた様子は、身の毛もよだつおぞましさです。聖域、しかもこの場合は他者の聖域ですが、それを自らが「管理」してやろうなどと容易に発想する者には、私は強い抵抗感を抱きますね。

中国は、次は日本の「天皇」を管理しようと言い出すぞ、とカンの良い人たちは言っています。

百田　そう思う人がいてもおかしくないですね。

でも、中国を笑えないのは、日本の歴史と共にある皇室を、戦後はＧＨＱが管理し、日本人がＧＨＱのお達しをどんどん忖度し、さらに内閣法制局がいじってきたわけです。

有本　そうですねえ。やっぱり日本人は、感覚的にそれをおかしいと思わなければいけないんです。

靖国論争

百田　日本の「聖域」の一つに靖国神社があります。令和元年の今年、靖国神社の「みたままつり」の献灯に初めて揮毫《きごう》したので、本書の対談を行った後、有本さんとそれを見に行きましたね。

有本　みたままつりは、毎年お盆の時期に催される戦没者慰霊祭ですね。参道から境内まで、今年は大小三万余の献灯が飾られました。

百田　若い人も多かったですね。

有本　浴衣姿ではしゃぐ若者たちも本殿の前では真面目な顔で祈っていました。英霊も若い子らを見守っていらっしゃるのだろうと思います。

百田　靖国と言えば、元大阪府知事の橋下徹さんや衆議院議員の長島昭久さん、私と有本さんが、ツイッター上で「靖国論争」をしました。

あの時も有本さん、さっき中国共産党を罵ったのと同じくらい、怒ってたねえ。

有本　別に怒ってはいないんですけど(笑)、靖国神社も英霊の「聖域」でしょう。先ほどの中国共産党によるダライ・ラマの「管理」と同じく、抵抗感があります。どのような論争だったか簡単に紹介しておきましょう。

「天皇陛下と首相、海外の首脳らの参拝を可能とするため、戦争指導者らを分祀《ぶんし》し、国立追悼施設を建設すべき」というのが橋下氏らの考えです。

私たちは「分祀など論外、靖国神社と〝戦犯〟についての誤解を払拭すべく理解促進に努めるべし」という意見でした。「靖国論争」については「まとめ」サイトも出来ているので、詳しくはそれを見て頂ければと思います。

が、そもそも論として、別の追悼施設をつくったとしても、彼らの言うような「分祀」はできないんですよね。神様を分霊して別の場所に持っていっても、もとの神様も靖国に残るのです。

百田　よく、ろうそくの話にたとえられますね。別のろうそくに火をともしても、もとのろうそくは変わらず燃え続けるのと同じだと言われます。分祀という概念は神道にはないので、分祀はできません。

また橋下さんは最初「A級戦犯を分祀すべき」と言っていましたが、A級戦犯は連合軍に事後法で裁かれた被害者だと多くの人に突っ込まれると、「戦争指導者を分祀」と言い換えてきましたね。しかし戦争指導者を誰が認定するのでしょう。

橋下さんがそんなことを言い出したのは、現状で天皇陛下や総理大臣が靖国参拝すると、中国や韓国が文句を言ってくるから、という実に情けない理由です。国のために戦って命を落とした兵士が祀られている施設に元首が参拝するという行為を、外国が文句を言える筋はありません。それを恐れて施設を変えてしまおうというのは、情けないを通りこして、国辱的な発想です。その新しい施設に文句を言われたら、また別の施設を作るというのでしょうか。

有本　橋下徹さんは天皇陛下に靖国参拝して頂くために改革しなければならないんだと仰っているんですが、敢えて言うとこれは〝嘘〟ではないかと思いますね。

憲法改正をして政教分離の枠から靖国を外すとか、靖国を国営にすると、橋下さんは提案されています。難儀なことをたくさん並べて、それが「天皇陛下や首相、さらに外国の元首に靖国に参拝頂くための提案だ」というのですが、むしろこれは、永久に天皇陛下が靖国行幸できないようにするためのものとしか思えません。靖国から陛下を遠ざける新手の論ではないかと私は疑っています。

百田　なかなか鋭い見方ですね。橋下さんは、「今現在、天皇陛下が靖国参拝できないから、新しい施設をつくるのだ」と仰っています。しかしこの橋下さんの論は、「天皇陛下が靖国参拝できない」ということが「大前提」となっているわけです。彼はその

「大前提」を広げているとも、広げようとしているとも言えますよ。

有本　そう取られる可能性もありますね。

百田　橋下さんは、なんとしても天皇陛下に靖国へお出まし頂きたいというのではないんですよ。彼は大前提として「天皇陛下は靖国参拝できません」という趣旨なのですからね。だから「別のものをつくりましょう」という趣旨で彼は言っていますから。

有本　先に述べたように、橋下さんは憲法改正や政教分離という改革を提案していますが、実はこれに似た動きは過去にありました。靖国神社国営化の法案が複数回出されて、結局廃案となっているのです。

でも靖国神社は今年で創建一五〇年です。そのちょうど半分の時間をすでに靖国は民間の施設として過ごしてきたのです。民間の施設として英霊をお守りし、施設を守ってきた靖国の歴史というものがもはや厳然とあります。

この立派な民間の施設を突如として政治家が権力でもって、もう一度、変容させようということが今の時代に許されると橋下さんたちが考えることが不思議です。そうなったらなおのこと、天皇陛下を靖国から遠ざけることになりますよ。

靖国は「うちの家の墓」

百田　明治天皇が靖国神社（当時の東京招魂社）に行幸された時に詠まれた御製は次のようなものです。

「我國の為をつくせる人々の名もむさし野にとむる玉かき」

この御製から分かるように、明治天皇は国家のために一命を捧げられた人々の名を後世に伝え、その御霊を慰めるために靖国神社を創建されたのですよ。

有本　ですから橋下さんが仰る外国の元首に参拝頂くために、という理由もよく分かりませんね。

百田　敢えて乱暴にたとえて言えば、靖国は「うちの家の墓」と同じなんです。だから、近所の人にうちの墓参りをしてもらわなくていいんですよ。

有本　そう。日本人の心の問題なのです。

そして、そもそもの話ですが、靖国問題は靖国神社そのものの問題ではありません。靖国神社自体は敗戦後、民間の一神社となってから今日まで、歴代神職方と心ある人々により大切に守られてきました。その聖域が不当に貶められ、騒がしい政治闘争の場とされたのは、ひとえに朝日新聞のせいと言っていい。

百田　『日本国紀』に詳しく書きましたね。中国、それに相乗りして韓国が、首相参拝や閣僚参拝に騒ぐようになったのは、中曽根康弘首相が靖国神社に公式参拝をした昭和六〇（一九八五）年に、朝日新聞のご注進があってからです。戦後四〇年間、中国は一度も公式に抗議も非難もしませんでした。ですから、中韓とメディアの無理難題をはねのけるのが筋です。施設やシステムの変更は本末転倒なのですよ。

付け加えておくと、昭和六〇年に中曽根康弘首相は、靖国神社を参拝する前に、中国の胡耀邦《こようほう》総書記に野田毅《のだたけし》特使を送り、「公式参拝するが、了承してほしい」と告げました。それを、胡耀邦は了承した。しかし参拝の約二週間後、中国は胡耀邦批判という形で靖国参拝を批判しました。つまり中国の靖国批判は、元々は国内の政争に使われた部分もあったのです。A級戦犯の合祀とは何の関係もありません。

有本　昭和天皇の靖国参拝が昭和五〇（一九七五）年で途絶えたことも、「A級戦犯合祀」と結びつけて考えるべきではないと思います。

百田　「A級戦犯合祀」は昭和五三（一九七八）年ですからね。

にもかかわらず、靖国を中国や韓国に政治的な場にされ、今や日本では天皇陛下どころか、首相の靖国参拝すらエネルギーが必要な事態になっています。

首相の靖国参拝についてそもそもで言えば、三木武夫元総理が昭和五〇（一九七五）年に首相として戦後初めて終戦記念日に靖国参拝します。その時に「私人」として参拝したことから「私人か公人か」という無意味なことが騒がれるようになっていきますね。

有本　でも、それ実は、非常に卑怯な話なのですよ。

当時、「クリーン三木」として、メディアは三木元総理を持ち上げました。当時の自民党は派閥の力が強かったわけですが、三木の基盤は弱く、若手では福田派の森喜朗さんら、青嵐会の石原慎太郎さんらに勢いがあった。この人たちが当時、終戦記念日の首相靖国参拝を要求していたんです。こういう若手勢力を取り込むために、要求に答えようとしたのが三木元首相の靖国参拝です。つまり政治的取り引きに靖国を使ったのです。もう少し背景を言っておきますと、自民党は靖国神社法案（国家護持）を前年に提出したものの、成立できず（自民党は五回も法案提出）、そういう中で三木降ろしを恐れたギリギリの選択が「私人」参拝だったという話もあります。

当時すでに政教分離がうるさく言われていたので、三木元首相は「私人としての靖国参拝」という言葉を作り出したというわけです。

百田　しかしそれ以前に、吉田茂から歴代首相は公式に靖国参拝していますからね。

有本　そうです。何年か前に石原慎太郎さんが都知事の頃、靖国参拝のことを記者から訊かれて「肩書きをどうやって外すのかね」と答えている動画を今でもネット上で見ることができますが、あれは石原さんが当時を知っているから言えるんですね。若かりし頃の石原さんたちは、三木首相のかけひきに、してやられたからです。

百田　「私人」という肩書きなんてないですからね。

有本　はい。そして、天皇陛下に「私人」のお立場はありません。

閣僚についても、そもそも靖国に私人として参拝なんてあり得ないことなのですよ。靖国神社に昇殿参拝する時、記帳しますよね。閣僚の場合はその際、一般の国会議員とも異なる専用の記名簿に書くのです。つまり靖国神社側は閣僚としてお迎えしている以外のなにものでもない。一個人、私人の「○○さん」であろうはずがないのです。

松原仁さんが閣僚であった時に、八月一五日に一緒に靖国に伺ったことがあります。私は民間人ですから松原さんの入る部屋にすら入れませんでした。その時にどう記名したのかを松原さんに聞くと、「臣　松原仁」と書いたと仰いました。これ、誰の「臣」なのかといえば、天皇陛下の臣でしょう。そういうところでも、天皇陛下と靖国神社は今もつながっているのです。だから、毎年恒例の「公人ですか？　私人ですか？」などというメディア記者たちの質問など愚の骨頂です。

天皇陛下の勅使

百田　天皇陛下の靖国への行幸は私たち国民の願いでもあります。でも、天皇陛下は春と秋の例大祭に勅使を送られているので、これは先の大戦で亡くなった英霊に対して尊崇の念をお持ちだという証だと言えます。

有本　勅使は陛下が行幸されるのと同じ意味を持ちますからね。天皇陛下が年に二回以上、勅使を送られているのは、伊勢神宮と靖国神社だけだそうです。

勅使を送られていることも、以前は一般に知られていませんでしたよね。産経新聞はそれなりのスペースで報道していますが、戦後の日本では、そんなことさえも伏せられてきました。でも今は、報道機関が隠しても、たまたま靖国神社に居合わせて勅使を目撃した人が写真に撮り、ＳＮＳにアップするというようなこともできます。

勅使をお迎えする時は、天皇陛下をお迎えするのとまったく同じ礼を尽くすのだそうです。ですから、勅使は、その場において天皇陛下と同じ存在と考えるべきだということです。つまり、天皇陛下は靖国と縁を切っていらっしゃるわけではないと言えますね。

百田　ですから、陛下の大御心は英霊と共におありだと思っていいでしょう。

ただ、先ほど有本さんが指摘されたように左翼ほど天皇陛下のお言葉を利用する。そして、「天皇陛下は靖国参拝を忌避している」というイメージを必死になってつくっています。

たとえば、いわゆる「富田メモ」は平成一八（二〇〇六）年七月二〇日に日経新聞が大スクープとして報道したものです。日経の報道は富田朝彦元宮内庁長官が昭和天皇のお言葉を記したとするメモを元に、靖国がA級戦犯を合祀したので、それ以来、天皇陛下は靖国参拝されないという恣意的な解釈をするものでした。

有本　「だから私あれ以来参拝していない」「それが私の心だ」というようなメモですね。

百田　これが天皇陛下のお気持ちだと左の人たちは大喜びして騒ぎました。

しかし、その日経がスクープしたメモは全文公開されていません。「全文公開せよ」と多くの人が言っても、見せないわけです。ですからメモの前後のお言葉の文脈、それもわからないままですね。これはインチキなジャーナリストがやるような完璧な切り取りなんですよ。

しかも全文公開についても、いつの間にか消えてしまい、いまだに公開されません。

有本　出すことができないのでしょう。

百田　明らかに「富田メモ」は怪文書の類いです。

ところがいまだにこの怪文書の類いを金科玉条のごとく、天皇陛下の靖国参拝問題で出してくる人たちがたくさんいます。すでに「A級戦犯が合祀されたから天皇陛下は靖国参拝されない」というロジックは論破されています。にもかかわらず、「いやいや『富田メモ』があるでしょ」といまだに言う人がいる。

「天皇の力」

有本　これは、いわゆる左翼と言われる人たちの典型的なやり方で、否定されようが、論破されようが何回でも根拠のないものを持ち出してきます。

慰安婦問題もそうですよね。慰安婦「強制連行」の嘘は出尽くしていて、しかも朝日新聞自身が吉田清治証言の誤報を認めたにもかかわらず、それでもまだ慰安婦問題を持ち出す。慰安婦の「強制連行」は吉田清治証言が唯一の拠り所で、それがまったくの嘘だったと朝日新聞が認めているのにです。論点を「強制連行」から「女性の人権」へずらしたりしながらも執拗に言い続けるのですよね。

　それと似ていて、「富田メモ」は怪文書の類いであるにもかかわらずいまだに持ち出して、「Ａ級戦犯を合祀したから天皇陛下は靖国参拝されない」と言い続けるわけです。

百田　もう一つ、「富田メモ」が怪文書の類いである理由は、生前の昭和天皇のお言葉、御製からは、Ａ級戦犯を忌み嫌っていたと感じられるものがないからです。

有本　Ａ級戦犯とは、東京裁判の分類ですね。「平和に対する罪」がＡ、Ｂ、ＣのＡと分類されただけで、罪の等級ではないのですが、そもそも「Ａ級戦犯」とされた方は二八名です。軍人から国務大臣、民間人まで幅広くされていますが、その中から戦後、閣僚になられた方もいらっしゃいます。ですから、昭和天皇が「Ａ級戦犯を嫌って靖国に行かれない」というのは非常にお粗末な論ですよ。

　ただ、昭和天皇が軍部に対して大きな不信感をお持ちだったことは確かです。

百田　もちろん、いわゆるＡ級戦犯の中には昭和天皇が個人的にお好きでなかった方もいるようです。一方で昭和天皇が非常に大事にされた方もいらっしゃいます。

有本　そうなのです。それを一括りにして、「Ａ級戦犯が合祀されているから」となるはずがありません。

百田　お亡くなりになりましたが、上智大学名誉教授の渡部昇一先生と私が対談した時、なるほどと思ったことがありました。

「もし、陛下が靖国参拝をされたなら、おそらく中国はもう二度と靖国参拝に関して口を出さなくなるだろう」

こういう趣旨で渡部先生は仰った。その時、なるほどそうかもしれないと思ったんです。同時に、もし今、陛下が靖国に行幸されたら、日本人の心はぐっと変わるだろうと思いますね。

いま一見、日本が左翼や右翼、反日や愛国でバラバラになっているように見えます。でも天皇陛下が靖国行幸されるとおそらく日本は一つになります。中国はこれを恐れていると思います。だから天皇陛下をなんとしても靖国から遠ざけようという勢力がいるのです。これが「富田メモ」などを出してくるんですね。

有本　百田さんが指摘されるように、天皇陛下が靖国参拝されたなら、日本は一つになり、強くなるでしょうね。それがやはり「天皇の力」でしょう。

百田　将来、天皇陛下に行幸頂くためにも、日本人が靖国神社、あるいは戦犯とされた人たちに対して、正しい理解を持つ必要がありますね。

有本　靖国が静寂な環境を取り戻してほしいと思います。

崇徳天皇

百田　「天皇の力」で思い出すのは崇徳《すとく》天皇（七五代、在位一一二三―一一四一年）です。

有本　霊力ですね。

百田　はい。崇徳天皇は日本で最大の怨霊なのですよ。いまだに崇徳天皇の怨霊を鎮めるために皇室では一〇〇年ごとの式年祭を行っています。天皇はそれほどの霊力の持ち主なのです。

有本　『日本国紀』では大きく取り上げましたね。

百田　はい。崇徳天皇について少し紹介しておきます。

保元の乱が、保元元（一一五六）年に起こります。これは、崇徳上皇と後白河《ごしらかわ》天皇（七七代、在位一一五五―一一五八年、系譜上は崇徳上皇の弟）の争いですが、この争いの背景には崇徳上皇の出生にまつわる話があります。

崇徳天皇（後に上皇）は鳥羽《とば》上皇（鳥羽天皇、七四代、在位一一〇七―一一二三年）の子ということになっているのですが、本当の父親は鳥羽上皇の祖父の白河《しらかわ》法皇（白河天皇、七二代、在位一〇七二―一〇八六年）だと言われていますね。つまり白河法皇が孫の妻と不倫して生まれた子が崇徳天皇だというわけです。正史には書かれていませんが、様々な状況証拠からおそらく真実であろうと言われています。

有本　鳥羽上皇は息子の崇徳天皇を、「叔父子」と呼んでいたと言われていますからね。祖父の子は自分にとって叔父にあたるということからでしょう。

百田　そのような人間関係が保元の乱の背景にありますね。

保安四（一一二三）年、白河法皇は鳥羽天皇を無理矢理に皇位から降ろし、三歳の崇徳天皇を皇位につけます。が、白河法皇が亡くなった後、鳥羽上皇の復讐が始まるのです。

寵愛する藤原得子《ふじわらのとくし》（美福門院《びふくもんいん》）が男子（体仁親王《なりひと》）を生むと、崇徳天皇を皇位から降ろし、わずか二歳の体仁親王を天皇（近衛《このえ》天皇、七六代、在位一一四一―一一五五年）にして、自らは法皇となります。

有本　天皇の直系尊属以外院政を行えないので、上皇が天皇の兄である場合は、院政が敷けないいんですよね。

百田　そうです。近衛天皇は崇徳上皇の弟ですから、鳥羽法皇が亡くなった後も、崇徳上皇は院政を敷くことができないという周到な仕掛けです。それほど鳥羽法皇の崇徳上皇に対する憎しみが大きかったということなんですね。しかし、崇徳上皇には何の責任もないのです。もとはと言えば、白河法皇が鳥羽法皇の妻に手を出したのが原因で、その結果、崇徳上皇が生まれたのですから。

近衛天皇が一七歳で亡くなると、崇徳上皇は自分の息子を天皇にして院政を敷こうとするのですが、鳥羽法皇は崇徳上皇の弟である後白河天皇を立てます。

有本　崇徳上皇と後白河天皇は形の上では兄弟ですが、後白河天皇は鳥羽上皇の本当の息子で、崇徳上皇は違うということですね。

百田　そうなのです。この頃、崇徳上皇はこの歌を詠んでいます。

「瀬をはやみ　岩にせかるる　滝川の　われても末に　あはむとぞおもふ」

有本　百人一首にも入っている有名な歌。

百田　この歌は、二つに分かれた急流がいつか一つになって出会うこともあろうかという意味で、一見、恋の歌だと思いますが、実は違うんです。やがては皇統が一つになってほしいという願いが込められているんですよ。

連綿と続く霊力

有本　崇徳上皇と後白河天皇にそのような確執がある一方、この時、摂関家でも藤原頼長と忠通とが対立していましたね。

百田　はい。それが保元の乱につながっていきます。保元元（一一五六）年、鳥羽法皇が亡くなった時に、法皇の屋敷に赴いた崇徳上皇は門前払いの扱いを受けます。これで積年の恨みが爆発した崇徳上皇は、武力による権力奪取を決意。藤原頼長と共に武士団を率いて、後白河天皇・忠通側と交戦します。が、崇徳上皇はこの戦いに敗れ、讃岐国（香川県）に島流しにされてしまいます。

有本　讃岐に流された崇徳上皇は反省を込めて仏教の経典を書き写し、都に送りますが、この件でもひどい扱いを受ける。

百田　そう。朝廷はこれを受け取りませんでした。せっかく反省して心を込めて仏教の経典を書き写したものを、送り返したのです。

怒りに震えた崇徳上皇は自ら舌を噛み、その血で「日本国の大魔縁となり、皇《おう》を民《たみ》となし、民を皇となさん」（『保元物語』）と誓状を書いたと言われています。つまり悪魔となって皇を民に引きずり下ろし、民を皇にしてやると宣言したということです。

有本　祟ってやるということでしょうね。

百田　そうなんです。実際に崇徳上皇の死後、平清盛が政治の実権を握ることになり、さらに源氏から鎌倉幕府、室町幕府となって、まさに「民」が「皇」となりました。皇室は政治の実権を回復する明治維新まで七〇〇年もの間、権力の座から降りることになったのです。

有本　まさに崇徳上皇の誓状の通りですね。

百田　当時の人々は恐れおののいたと思いますよ。

有本　そうですよね。そして七〇〇年後もやはり恐れています。明治天皇は即位されると、京都に白峯宮（白峯神宮）を創建して崇徳天皇の御霊をお迎えし、七〇〇年ぶりに慰められましたからね。

　さらにその約百年後、東京オリンピックの年である昭和三九（一九六四）年には、昭和天皇が日本の復興と無事を祈り、崇徳天皇の御霊を鎮めるために香川県坂出市に勅使を遣わして式年祭が執り行われました。

百田　霊力が連綿と続いています。
有本　百田さんほど現実主義の人が、『日本国紀』で霊力に着目されたというのは面白いですね。
百田　霊力の存在は、人の心を左右するのですよ。だから大事なのです。
有本　『日本国紀』では、平安時代に崇徳天皇が登場し、その八〇〇年後の東京オリンピックの記述で、たった二行余りですが崇徳天皇について書かれています。読者には話がつながって、読みどころになっていると思いますね。

天皇の祈り

百田　令和元年一一月一四、一五日に、大嘗祭《だいじょうさい》が行われます。天皇即位後に初めて行われる新嘗祭を大嘗祭と言います。
有本　天皇陛下にとって、祭祀は非常に重要です。「天皇の祈り」は、非常に重要で、しかも非常に体力的な負担を伴うものだと拝察しますが、秘せられている部分もあって私たちはすべてを知ることができませんね。
百田　新嘗祭は、寒い中、長時間にわたって行われますね。

有本　正座のままで、ご負担は大きいと思います。宮内庁の説明によるとこの度行われる大嘗祭は、次のようなものです。

〈天皇がご即位の後、大嘗宮《だいじょうきゅう》の悠紀《ゆき》殿・主基《すき》殿において初めて新穀を皇祖・天神地祇《てんじんちぎ》に供えられ、自らも召し上がり、国家・国民のためにその安寧と五穀豊穣などを感謝し祈念される儀式（一連の儀式を総称して用いられることもある）〉（宮内庁ＨＰ、ルビを振った）

百田　新嘗祭と大嘗祭の内容はほぼ同じだそうですね。

有本　ただし新嘗祭は常設の神嘉殿《しんかでん》を祭場とするのに対して大嘗祭は大嘗宮を臨時に造ります。また大嘗祭では神饌《しんせん》用の米は悠紀・主基という斎田から収穫したものを使用するという具合に新嘗祭より大規模なものだということですね。

　新嘗祭については、産経新聞が平成二九（二〇一七）年の様子を報じた記事があります。少し長くなりますが、雰囲気が分かるので紹介しておきたいと思います。

〈新嘗祭の「夕《よい》の儀」が始まるのは23日午後6時。白の絹でできた伝統の「御祭服《ごさいふく》」を身にまとった陛下が、綾綺殿《りょうきでん》から儀式が行われる神嘉殿に移られる。御祭服は新嘗祭でのみ陛下が身につけられる装束。その重さから、着替えられるのに数十分かかるという。

たいまつの明かりのみが照らす中、白い装束姿の陛下が神嘉殿までの「御拝廊下《ごはい》」を進まれる様子について、祭祀をつかさどる掌典職の1人は「これから国のため、国民のために祈るという決意や使命、お気持ちが伝わってくる。地方ご訪問などで国民と触れ合われるときとは、全く別のお姿」なのだと話す。

儀式中は側近らも神嘉殿に入ることは認められず、陛下と神事を手助けする2人の采女《うねめ》のみ。そこで陛下は全国から献上されたり、皇居で収穫したりした米と粟の新穀、新米から作った酒などを神前に供えられる。

続いて神前に拝礼し「御告文《おつげぶみ》」で一年の五穀豊穣《ほうじょう》と国家、国民の幸福を祈られる。さらに、供え物を神々とともに食される「直会《なおらい》」に臨まれる。最後に綾綺殿に控えていた皇太子さまが神嘉殿で拝礼され、陛下と皇太子さまが一緒に神嘉殿を後にされる。

夕の儀が終了するのは午後8時。同様の次第で午後11時から24日午前1時まで「暁《あかつき》の儀」が執り行われる。儀式は各2時間ずつ、計4時間に及ぶ〉（産経新聞二〇一七年一一月二三日）

百田　なるほど、「国民と触れ合われるときとは、全く別のお姿」だと。

有本　そうですね。神前での御告文の奏上や、新穀を神々と食べる直会は、天皇陛下しかできないご所作だそうです。それゆえにお身体へのご負担がありますね。

昭和天皇は六九歳で「暁の儀」へのお出ましをやめ、七〇歳で「夕の儀」も途中からとされたそうですが、その年齢になられても上皇陛下は従来通りにしたいという強い意向を示されたとも産経新聞の記事は伝えています。

お年を召してからはさすがにご負担を考慮して、上皇陛下は七五歳の平成二一（二〇〇九）年から「暁の儀」のお出ましを最後の三〇分間にされた。七七歳の平成二三年からは「夕の儀」でも同様に短縮されました。八〇歳になられた平成二六年からは「暁の儀」へのお出ましを取りやめられています。

新嘗祭では男性皇族方も拝礼されるそうですが、陛下と同じ殿上に上がられるのは皇太子殿下のみとのことです。

百田　天皇になる方にしか、その次第は伝わらないということですね。

新嘗祭以外にも天皇陛下には宮中祭祀が年にいくつもありますが。

有本　宮内庁によれば、年間約二〇件近くの祭儀が行われているとのことです。このようなことを国民はほとんど知りません。

百田　今年（令和元年）の新嘗祭は御代替わりの年なので、大嘗祭として一一月一四、一五日に行われますが、例年は二三日です。現在、この日は国民の祝日「勤労感謝の日」となっていますが、これは戦後、ＧＨＱによって、神道の神話や祭礼、儀式を起源とする祝日が廃止されたからです。そして、昭和二三（一九四八）年に施行された祝日法で戦前の大祭日「新嘗祭」の名前は消されてしまったのです。

有本　これもまた「消された歴史」ですね。

令和の絆

百田　本書の冒頭でも触れましたが、令和になって、天皇陛下のご即位を祝う一般参賀に、すごい数の人が来ていましたね。時代がちょっと変わりつつあると感じます。

有本　一般参賀は令和元(二〇一九)年五月四日に行われ、計六回のお出ましに約一四万人が押し寄せました。平成二（一九九〇）年一一月に行われた上皇陛下のご即位を祝う一般参賀が計八回で約一一万人でしたから、それを上回りました。

百田　上皇陛下が即位された時は、昭和天皇崩御の悲しみもありましたからね。

この一般参賀の人数は、いわゆる「安保法制」の時の反対デモの動員とはまったく違います。それぞれみんなが、自発的に来ていました。

有本　しかも、小さなお子さんを連れた若い人が多かったですよね。

百田　整然としてね。いろんな方の力で、空気が少し変わりつつあると思うんです。もちろん、まだ時間はかかりますが。

有本　『日本国紀』の六五万部も貢献していると思います。

百田　ありがとうございます。

有本　令和初日の朝日新聞のコラム、「素粒子」はこう書いています。

〈けさ、日の丸が林立する銀座・並木通りを歩いて、奉祝ムードに浸りながら考えた。で、何が変わるのか。世の中に改めたい問題は多いが、新天皇即位とは関係ないなあ〉

（朝日新聞二〇一九年五月一日）

百田　よほど悔しいんやろうねえ（笑）。口惜しさが文章ににじみでてる。

有本　若い人が「元号」に親しみを持ち、新天皇の即位を日本中がお祝いして「日の丸」がはためく。朝日からすれば、「なんで？」という事態でしょう。

百田　完全に時代に取り残されていますよね。

有本　はい。戦後、進歩的な文化人を集め、言論空間を作ってきたと自負する朝日が、今、最も時代遅れなのです。日本人が日本人というアイデンティティを取り戻しつつある。

百田　しかし、メディアの中にいる日本人が日本を貶める、天皇を貶める勢力は根が深いものがありますけれども。

有本　そのおかげで、逆のことが見えてくる状況も生まれています。

天皇を貶められれば、あるいは日本人が壁にぶち当たって自らを振り返れば、「天皇を中心にした国に生まれ育ってきたのだ」と逆に認識するに至ってしまう。

そんな面白い状況が最近ようやく見えてきたのではないですか。

百田　天皇と国民が、ある種の絆を取り戻しつつありますね。

有本　それは、朝日がやってきたことが全部、無駄でしたと、そういう状況を突きつけられたようなものですから、彼らにすれば、ものすごい敗北感でしょう。

今回、ご即位を祝う人々を見られたのは、本当によかった。ベビーカーを押して家族でお祝いに来て、「この子がこれからの時代を生きていくから、一緒に体験させておきたい」と言っていた人もいます。私は感銘深く映像を見ました。その人たちの姿は映像で後世まで残りますから、大きな意味があると思います。

日本人と天皇の絆は特別なものなのですよ。

百田　令和は天皇と日本人の「消された絆」を取り戻す時代にしたいですね。

あとがき

「天皇」とは何か――。

もしもあなたが、外国人からこう訊かれたらどう答えるでしょうか。

日本国憲法には、天皇は「日本国と日本国民統合の象徴」と書かれています。でも、これをしっくり来る答えだと思う人も少ないことでしょう。天皇陛下や皇室を大事だと考えている人でも、「では、なぜ大事なのか」「天皇とは何か」と問われたら、はっきりとした答えを持っていない、ということが少なくありません。

一体どうしてなのでしょうか。

平成最後の秋、作家・百田尚樹さんは、『日本国紀』という一冊の本を世に送り出しました。その『日本国紀』をご執筆中、百田さんがとくに悩んで、幾度か私に電話をくださった箇所があります。

大東亜戦争の敗戦が決まった瞬間、昭和天皇の「ご聖断」のくだりです。

「昭和天皇のご聖断の場面やけど……。昭和天皇の傑出したお人柄、凄まじいまでの勇気とご決断、そこに同席した臣たちの思いと慟哭。それが読者に伝わらなかったら、この本は失敗やと思う」

電話の向こうから、百田さんの涙声が聞こえてきました。

『日本国紀』が刊行された後も、百田さんはご自身の番組等で繰り返し、この「ご聖断」のくだりを朗読しています。そのたびに百田さんは涙声になり、少なからぬ百田ファンもそのたびに涙していると聞きます。

なぜ、百田さんが涙し、読者の皆さんもまた百田日本史の「ご聖断」に涙するのか。それは単に、悲惨な結果をもたらした大戦の終結シーンだからではありません。

当代一の作家の筆が描いた自国の長い歴史を読んできて、読者の皆さんもまた、「天皇とは何か」を朧気《おぼろげ》ながら掴《つか》みかけた。そこへ史上最悪の、まさに国家存亡の危機が訪れる。しかし、すんでのところで「天皇の決断」によって救われる——。

これほど貴重な真実に、私たち戦後の日本人は触れてきませんでした。その「聖域」へ、作家・百田尚樹さんの力強い橋渡しでようやく触れることができた、そう感じた人たちが、涙を堪えることができない、ということなのでしょう。

『日本国紀』発行の一カ月半後、追いかけるようにして、百田さんと私は『日本国紀』の副読本』を上梓しました。そのなかで、『日本国紀』に込めた隠しテーマのいくつかを語り、あわせて現代の歴史教育への強烈なアンチテーゼを提起しました。

しかし実は、『日本国紀』の最大のテーマであった「天皇」については語らずじまい。なぜなら、それはあまりにも大きく重く、かつ深いテーマだからでした。

少し時が経った今、多くの資料を紐解きながら、百田さんと長時間にわたって語り合い、ようやく「天皇論」が出来上がりました。本書が、「天皇とは何か」の問いを探す皆さまの良きナビゲーターとなれたなら幸いに存じます。

私たちの長い対話の全てに伴走し、プロの論客も顔負けの高い見識で本書をプロデュースしてくださった、産経新聞出版・瀬尾友子編集長に深い感謝と敬意を捧げたく思います。瀬尾さんなしには「副読本」も「天皇論」も世に出すことはかないませんでした。

そして最後に、共著者であり、いまや得難い戦友ともなった、オモロクて涙もろい天才作家・百田尚樹さんに心からの御礼を申し上げます。

令和元年長月

有本　香

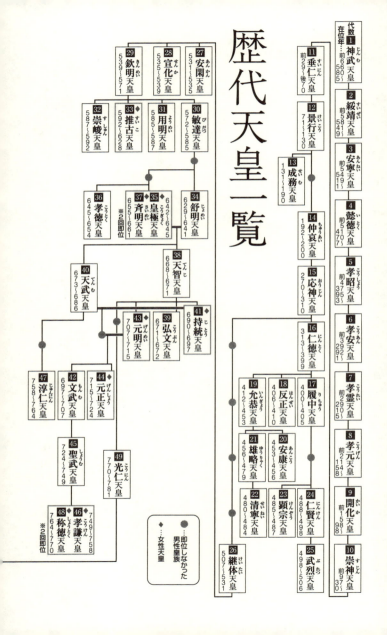

歴代天皇一覧

代数 在位年…

- 1 神武《じんむ》天皇 前660~585
- 2 綏靖《すいぜい》天皇 前581~549
- 3 安寧《あんねい》天皇 前549~511
- 4 懿徳《いとく》天皇 前510~477
- 5 孝昭《こうしょう》天皇 前475~393
- 6 孝安《こうあん》天皇 前392~291
- 7 孝霊《こうれい》天皇 前290~215
- 8 孝元《こうげん》天皇 前214~158
- 9 開化《かいか》天皇 前158~98
- 10 崇神《すじん》天皇 前97~30
- 11 垂仁《すいにん》天皇 前29~後70
- 12 景行《けいこう》天皇 71~130
- 13 成務《せいむ》天皇 131~190
- 14 仲哀《ちゅうあい》天皇 192~200
- 15 応神《おうじん》天皇 270~310
- 16 仁徳《にんとく》天皇 313~399
- 17 履中《りちゅう》天皇 400~405
- 18 反正《はんぜい》天皇 406~410
- 19 允恭《いんぎょう》天皇 412~453
- 20 安康《あんこう》天皇 453~456
- 21 雄略《ゆうりゃく》天皇 456~479
- 22 清寧《せいねい》天皇 480~484
- 23 顕宗《けんぞう》天皇 485~487
- 24 仁賢《にんけん》天皇 488~498
- 25 武烈《ぶれつ》天皇 498~506
- 26 継体《けいたい》天皇 507~531
- 27 安閑《あんかん》天皇 531~535
- 28 宣化《せんか》天皇 535~539
- 29 欽明《きんめい》天皇 539~571
- 30 敏達《びだつ》天皇 572~585
- 31 用明《ようめい》天皇 585~587
- 32 崇峻《すしゅん》天皇 587~592
- 33◆ 推古《すいこ》天皇 592~628
- 34 舒明《じょめい》天皇 629~641
- 35◆ 皇極《こうぎょく》天皇 642~645 / 37◆ 斉明《さいめい》天皇 655~661 ※2回即位
- 36 孝徳《こうとく》天皇 645~654
- 38 天智《てんじ》天皇 668~671
- 39 弘文《こうぶん》天皇 671~672
- 40 天武《てんむ》天皇 673~686
- 41◆ 持統《じとう》天皇 690~697
- 42 文武《もんむ》天皇 697~707
- 43◆ 元明《げんめい》天皇 707~715
- 44◆ 元正《げんしょう》天皇 715~724
- 45 聖武《しょうむ》天皇 724~749
- 46◆ 孝謙《こうけん》天皇 749~758 / 48◆ 称徳《しょうとく》天皇 764~770 ※2回即位
- 47 淳仁《じゅんにん》天皇 758~764
- 49 光仁《こうにん》天皇 770~781

●…即位しなかった男性皇族
◆…女性天皇

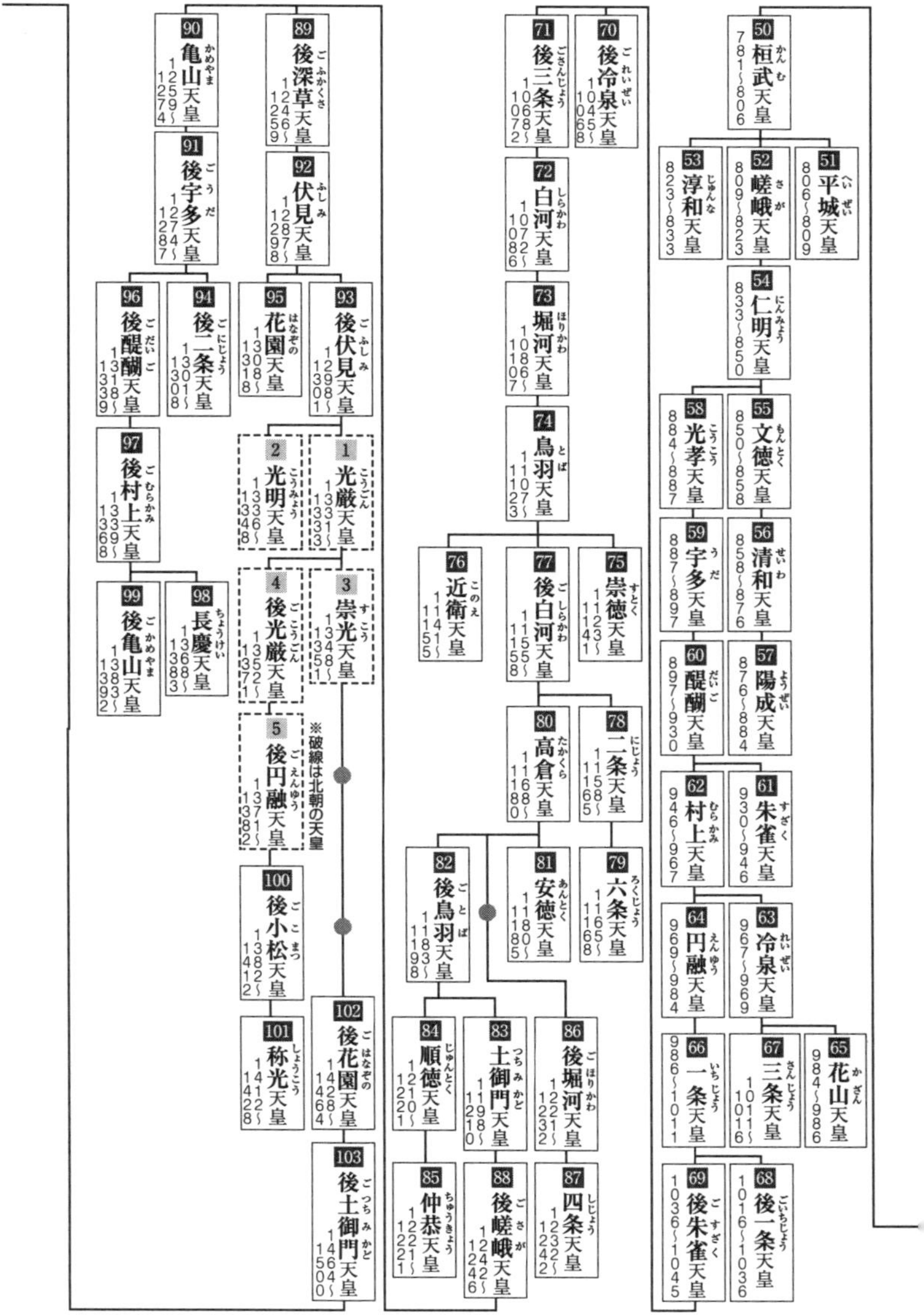

50 桓武《かんむ》天皇 781~806
51 平城《へいぜい》天皇 806~809
52 嵯峨《さが》天皇 809~823
53 淳和《じゅんな》天皇 823~833
54 仁明《にんみょう》天皇 833~850
55 文徳《もんとく》天皇 850~858
56 清和《せいわ》天皇 858~876
57 陽成《ようぜい》天皇 876~884
58 光孝《こうこう》天皇 884~887
59 宇多《うだ》天皇 887~897
60 醍醐《だいご》天皇 897~930
61 朱雀《すざく》天皇 930~946
62 村上《むらかみ》天皇 946~967
63 冷泉《れいぜい》天皇 967~969
64 円融《えんゆう》天皇 969~984
65 花山《かざん》天皇 984~986
66 一条《いちじょう》天皇 986~1011
67 三条《さんじょう》天皇 1011~1016
68 後一条《ごいちじょう》天皇 1016~1036
69 後朱雀《ごすざく》天皇 1036~1045
70 後冷泉《ごれいぜい》天皇 1045~1068
71 後三条《ごさんじょう》天皇 1068~1072
72 白河《しらかわ》天皇 1072~1086
73 堀河《ほりかわ》天皇 1086~1107
74 鳥羽《とば》天皇 1107~1123
75 崇徳《すとく》天皇 1123~1141
76 近衛《このえ》天皇 1141~1155
77 後白河《ごしらかわ》天皇 1155~1158
78 二条《にじょう》天皇 1158~1165
79 六条《ろくじょう》天皇 1165~1168
80 高倉《たかくら》天皇 1168~1180
81 安徳《あんとく》天皇 1180~1185
82 後鳥羽《ごとば》天皇 1183~1198
83 土御門《つちみかど》天皇 1198~1210
84 順徳《じゅんとく》天皇 1210~1221
85 仲恭《ちゅうきょう》天皇 1221~1221
86 後堀河《ごほりかわ》天皇 1221~1232
87 四条《しじょう》天皇 1232~1242
88 後嵯峨《ごさが》天皇 1242~1246
89 後深草《ごふかくさ》天皇 1246~1259
90 亀山《かめやま》天皇 1259~1274
91 後宇多《ごうだ》天皇 1274~1287
92 伏見《ふしみ》天皇 1287~1298
93 後伏見《ごふしみ》天皇 1298~1301
94 後二条《ごにじょう》天皇 1301~1308
95 花園《はなぞの》天皇 1308~1318
96 後醍醐《ごだいご》天皇 1318~1339
97 後村上《ごむらかみ》天皇 1339~1368
98 長慶《ちょうけい》天皇 1368~1383
99 後亀山《ごかめやま》天皇 1383~1392
1 光厳《こうごん》天皇 1331~1333
2 光明《こうみょう》天皇 1336~1348
3 崇光《すこう》天皇 1348~1351
4 後光厳《ごこうごん》天皇 1352~1371
5 後円融《ごえんゆう》天皇 1371~1382
100 後小松《ごこまつ》天皇 1382~1412
101 称光《しょうこう》天皇 1412~1428
102 後花園《ごはなぞの》天皇 1428~1464
103 後土御門《ごつちみかど》天皇 1464~1500
※破線は北朝の天皇

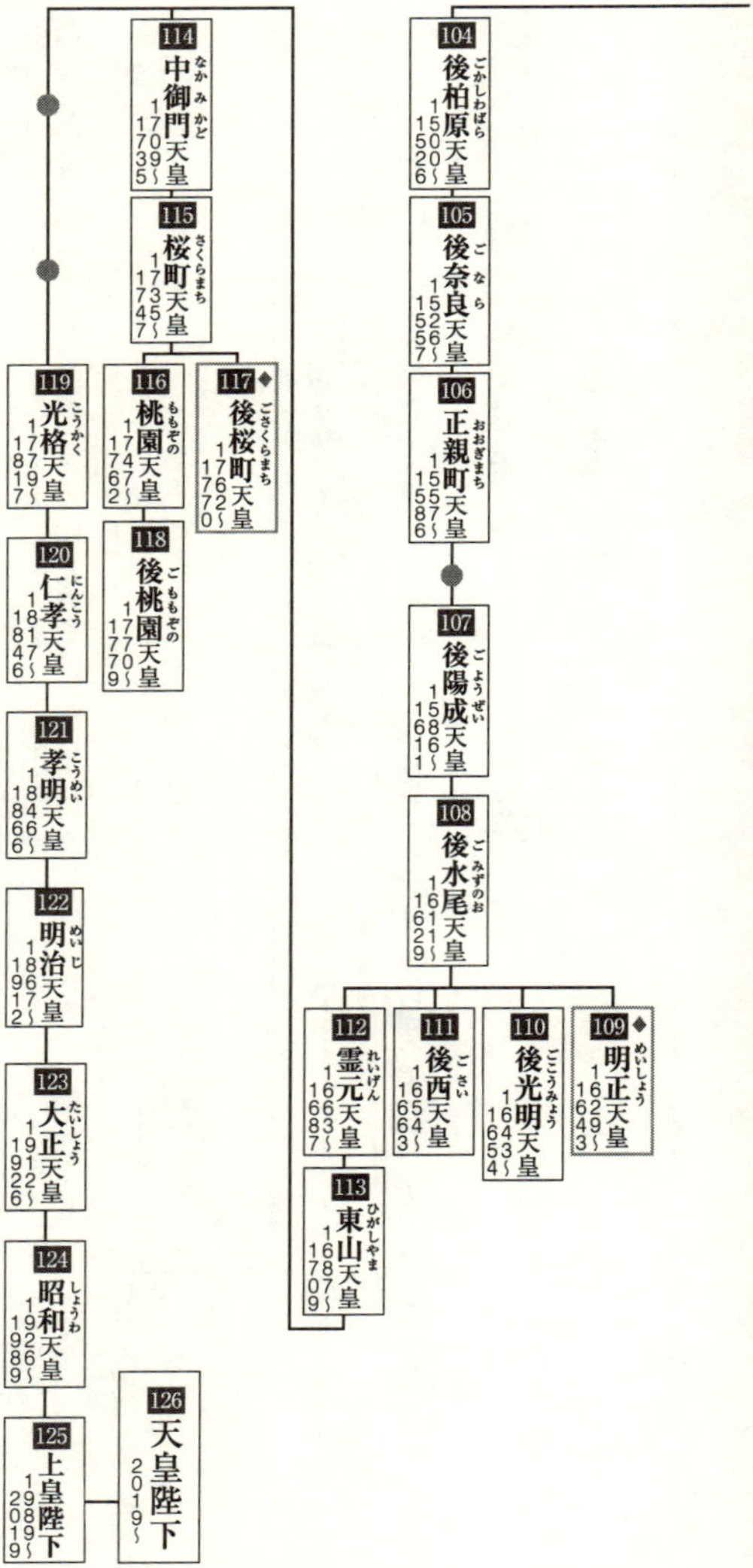

※宮内庁ホームページから（皇統譜に基づく）

本書は書き下ろしです。

百田尚樹（ひゃくた・なおき）

昭和31（1956）年、大阪市生まれ。同志社大学中退。放送作家として『探偵！ナイトスクープ』等の番組構成を手掛ける。2006（平成18）年『永遠の0』（太田出版、現在講談社文庫）で作家デビュー。『海賊とよばれた男』（講談社）で第10回本屋大賞受賞。

著書に『モンスター』（幻冬舎文庫）、『フォルトゥナの瞳』『カエルの楽園』（新潮文庫）、『ボックス！』（講談社文庫）、『幻庵』（文藝春秋）、『今こそ、韓国に謝まろう　そして「さらば」と言おう』（文庫版、飛鳥新社）、『日本国紀』（幻冬舎）、『夏の騎士』（新潮社）、『錨を上げよ』（幻冬舎文庫）など多数。

有本香氏との共著に『「日本国紀」の副読本　学校が教えない日本史』（産経新聞出版）。

有本 香（ありもと・かおり）

ジャーナリスト。昭和37（1962）年生まれ。東京外国語大学卒業。旅行雑誌編集長、上場企業の広報担当を経験したのち独立。現在は編集・企画会社を経営するかたわら、世界中を取材し、チベット・ウイグル問題、日中関係、日本の国内政治をテーマに執筆。

著書に『「小池劇場」の真実』（幻冬舎文庫）、『中国の「日本買収」計画』（ワック）、『なぜ、中国は「毒食」を作り続けるのか』（祥伝社新書）、『中国はチベットからパンダを盗んだ』（講談社＋α新書）、共著に『「日本国紀」の副読本』、『リベラルの中国認識が日本を滅ぼす　日中関係とプロパガンダ』（産経新聞出版）など。

百田尚樹著『日本国紀』（幻冬舎）には編集者として参加した。

「日本国紀」の天皇論

令和元年 10 月 19 日　第 1 刷発行
令和元年 11 月 4 日　第 2 刷発行

著　　者　百田尚樹　有本香
発 行 者　皆川豪志
発 行 所　株式会社産経新聞出版
〒 100-8077 東京都千代田区大手町 1-7-2 産経新聞社 8 階
電話　03-3242-9930　FAX　03-3243-0573
発　　売　日本工業新聞社　電話　03-3243-0571（書籍営業）
印刷・製本　株式会社シナノ
電話　03-5911-3355

ISBN 978-4-8191-1374-8　　C0095